ハンナ・アレント

共通世界と他者

中島道男

東信堂

はじめに

本書はアレント論の試みである。

ハンナ・アレント(1906～1975)はすでに生誕百周年も終わり、本格的な研究も多く出されている。〈アレント・ルネッサンス〉という言葉もあるように、一九八〇年代半ば頃からアレント研究はたいへんな活況を呈している。

多様なアレント像が提示された。アレントはさまざまな系譜でとらえられている。多様な、ときには相矛盾した解釈が起こりうるのも、鉱脈豊かな思想家の運命と言えばそれまでかもしれない。しかし、鉱脈豊かな思想家は性急にひとつの色に染めあげない方がいいだろう。

本書はアレントをどの系譜に位置づけるかということにはさほど関心がない。とはいえ、アレントのキーワードは複数性であり、本書で強調されるのは〈複数性の思想家〉アレントという像である。複数性はアレントのキーワード中のキーワードであり、必ずしもどれかの系譜と親和性があるというものではない。複数性ということは、自己に回収されない、他者たるかぎりでの他者をとらえていることである。複数性に注目するということは、アレント思想のなかに他者重視のスタンスを読みとるということである。そこを拠点にしてアレント像を描いてみたい。

アレントにあっては、複数性は共同体と関係している。したがって、本書のアレント論のテーマである他者重視というのは、ひいては〈他者から成る共同体〉という論点に連なるものである。複数性がいかに共同体と関係するのかは、重要な問題である。他者と共同体とはじつは簡単には結びつかない。共同体から離れている者が他者だと言ってもいい。そのような他者を重視することと共同体とは、しかし、何らかのかたちで結びつかせる必要があろう。たしかに、いわゆる公共性論が問題にしているのもこの問いである。しかし、本書の関心は公共性論とは異なる。いわゆる公共性論がひとつのかたちとして現れるような、自己と他者との関係のあり方への関心が本書の主たる関心である。こうした立場からすると、アレントは〈他者から成る共同体〉というテーマに取り組んだ〈複数性の思想家〉ということになる。とはいえ、本書は、この〈他者から成る共同体〉という論点に直接切り込んでいくのではなく、そうした問題関心をもってアレントを読んでいくものである。

本書は、アレントを社会学者デュルケムとバウマンとの関連のなかでとらえようとしている。かつてデュルケムとの関連を意識しながらバウマン論を構想・展開していたなかで、アレントとの関連を見ておかなければならないという思いが強まった。これら三者を関連づける（結びつける／切り離す）ものが、他者の位置づけという論点にほかならない。アレントの立場は、意外にも、デュルケムやバウマンと関連づけるとよく見えてくるのである。もちろん、デュルケム、アレント、バウマンは系譜的な影響関係にあるのではまったくない。本書では、デュルケムとバウマンはアレントの解読格子としてあるのである。

アレントに影響を与えた人物については、いろいろ挙げられるだろうが、もしひとりをということであれば、私はヤスパースではないかと思う。『アレント＝ヤスパース往復書簡　1926–1969』（全3巻、大島かおり訳、二〇〇四年、みすず書房）を読むと、ふたりの師弟愛に圧倒される。それは、ハンナとカールとのあいだだけでなく、ハンナの夫ハインリッヒ・ブリュッヒャーとカールの妻ゲルトルートを含めた、アレント夫妻とヤスパース夫妻の愛情と敬意の物語である。ヤスパースへの賛辞は、講演その他でも語られている。たとえば『暗い時代の人々』には二つの講演が収められている。一九四六年に公刊された「実存哲学とは何か」という論文では、ヤスパースの哲学についてアレントは次のように述べている。

実存そのものは、その本性そのものからして、孤立してはいない。実存は、もっぱらコミュニケーションに、そして他の実存を知ることにある。人間同士(our fellowmen)は、(ハイデガーの場合のように)構造的に必要ではあるが、にもかかわらず自己の存在にとって障害となる実存のエレメントではない。むしろ、正反対である。実存は、共通の所与の世界に住まう人々の共同の生においてのみ発展することができる。コミュニケーションの概念には、アプローチにおいて新しい人間性の概念が潜んでいる。たしかに十分に展開されてはいないが、それは、コミュニケーションを人間の実存の前提としてとらえるものである。(EU p.186＝(一)二五三頁)

アレントのとらえるヤスパースは、アレント自身の像ではないか。アレントの営為全体がこのヤスパース論を全面展開することだったのではないか――。そう思われるほど、このヤスパース論は、アレント思想のエッセンスをみごとに語っている。〈複数性の思想家〉アレントに注目し、〈他者から成る共同体〉という文脈でアレント思想をとらえようとする本書も、アレント自身がこのヤスパース像をいかに、そしてどのような方向に独自に展開しているか、を見定めようとしたものであると言ってもよい。

本書の構成は以下のとおりである。

第1章は筆者がはじめて発表したアレント論であり、アレント読解の方向性を定めることになったものである。『人間の条件』に当初予定されていたタイトルが〈世界への愛〉であったというエピソードを踏まえつつ、複数性、他者、共通世界はもちろんのこと、友愛や距離の重要性について議論している。そして、アレントを理解するにあたって、デュルケムとバウマンとの関連でとらえることの有効性についても論じている。

第2章は、アレント思想の基盤となる政治と自由をめぐって、第1章での議論を承けて複数性や他者との関連を重視しながら明らかにした。その際、アレントのいうwhoの暴露をwhoの贈与ととらえ、自分が何を贈ったのか相手にしかわからない、贈与のなかでもきわめて特殊な位置を占めるものであることを指摘しつつ、アレント思想のなかの他者重視という論点が豊かな可能性を秘めていることを論じようとした。

第3章はアレントの趣味判断論を、前二章と同様、複数性、他者の重要性との関連で論じたものである。ここでは、他者の重要性は、観客の重要性、観客の複数性として論じられている。判断することは他者との世界の共有を可能にすることだとするアレントの議論は、社会学にとって重要な示唆を与えてくれるであろう。

第4章は、やはり複数性や他者などのキータームとの関連で、アレントの人権論を扱っている。「諸権利をもつ権利」という論点を検討しながら、アレント人権論が従来の人権論を刷新する可能性を有していることが主張されている。他の章とは異なり、ここでは、アレントの議論が現代日本社会の分析ツールとしても有効であることについても、若者による犯罪を素材としながら論じている。

第5章では、アレントの権力概念をとらえるにあたっては、やはり複数性との関連を押さえることが重要であることを、デュルケムの集合力=宗教力という概念との異同をとおして論じている。アレントの権力とデュルケムの力とは、どこまでが同じでどこからが異なるのかを見定めておくことが、アレント理解にとっては大事なのである。

第6章は、他の章においても伏線としてあった、アレントとデュルケムおよびバウマンとの比較というテーマを前面に出し、〈共同性〉の学としての社会学の歴史のなかでアレントがいかに位置づけられるかについて論じたものである。〈複数性の思想家〉アレントの、現代社会学にとっての意義が明らかになっているはずである。

本書がアレントをとおして見据えている〈他者から成る共同体〉というテーマは、グローバル化を遂げた現代、多文化共生が叫ばれる現代において、改めて問われるべき問題であることは間違いない。デュルケムやバウマンを意識しながら論じられるアレント論はそう多くはないはずである。本書が多少なりとも新しいアレント像を提示できていることを著者としては願っているが、結果については他者（読者）の判断を俟たなければならない。

ハンナ・アレント —— 共通世界と他者／目次

ハンナ・アレント——共通世界と他者

第1章

世界への愛

序　アレントをいかに読むか

なぜ今アレントなのか?

アレントと言えば、すぐに公共性論が思い浮かぶ。そして、ハバーマスの公共性論との異同が論じられたりする。社会学からのアレント研究の多くは、こうした公共性／ハバーマス／アレントといった問題意識で論じられることが多いように思われる。公共性論の隆盛の背景としては、東欧革命、ソ連の崩壊などとの関連で市民社会論が流行したこと、またわが国では阪神・淡路大震災の際に確認されたボランティア活動の重要性、その後のNPO活動の動きとも関連して、政府の領域でも私の領域でもない公共性領域の意義が強調されたことなどが指摘できよう。公共性論の系譜とは違うが、一九八〇年代くらいから欧米の政治哲学でトピックとなっていたリベラル／コミュニタリアン論争が下地として存在していたということもできよう。

アレント理論のアクチュアリティを、現実を切るツールという側面からとらえようとする試みもある。最近では、ヤング゠ブルーエルの試みがそれにあたるだろう。ヤング゠ブルーエルは、現代の諸事件をアレントならどうとらえただろうかという観点から、アレントの現代的意義をとらえようとしている。これは、現代をとらえるための枠組みとしてアレント的精神を用いようとするものである。アレントがどう言ったか、どのような予言をしているか、その予言は当たっているかどうかではなく、アレントのいわば精神あるいはエッセンスをとらえたうえで、それでもって現代をとらえようとするこの立場は、古典の現代化としてはきわめてまっとうな立場である。

さまざまなアレント研究、さまざまなアレント論の試みがある。当然のことながら、上でみたいずれの研究も、現代の諸問題をアレントという枠組みをとおしてとらえようとするものである。では、私の試みは何を狙おうとしているのか。もちろん、アレントというレンズをとおして現代をとらえようとする試みであるという点では同じである。そして、結局は公共性を論じることになるという点でもそう大きな違いはない。ただ、重心をどの辺において論じるかが問題である——。

アレントと言えば、従来から、『人間の条件』における「活動(action)」概念に注目が集まる。たしかにこの概念はおもしろい。しかし、ここでは少し違った角度からアプローチしたい。アレントの魅力は「われわれ現代人の魂に火を付ける」(Curtis : ix)という点である。魂に火をつけるものが何かをめぐってはそれぞれにとらえ方があるであろう。とはいえ、よりよく生きるということはわれわれにとって最優先課題ではないだろうか。こう言えば、すべての社会学のテーマは、結局は、いかによりよく生きるか、いかに幸せになるかだ、という言い方も可能だと指摘されるかもしれない。たしかにそうである。したがって、結局は、その問いに対してどういう答えを提示しているかが重要になってくる。われわれがここでアレントの思想のなかにみようとしているのは、よく知られている「活動」概念のなかに示されている人と人との関係のありようである。アレントのなかに、ひとつの人間関係モデルを見出したいのである。それは、連帯論のひとつのかたちにもなるであろう。

こうした問題意識は、これまでの公共性論とどのような違いがあるのか――。従来、公共性論は、一方の、何らかの公共的な価値を付与された世界＝公共世界と、他方の、個人の価値（自由や自己実現など）とを両立させるためには、社会のありようをいかに変えていくのか、あるいはそうした世界とわれわれはどのように関わっていくべきなのか、といった議論の進め方をしていたように思われる。もちろん、前提となる公／私二元論ではとらえきれない公共性の領域とは何か、個人の価値は何か、についての議論も、そこには含まれている。本章でアレントのなかにみようとしているのは、このような、あらかじめ設定された、何がしかの公共的価値と何がしかの個人的価値をいかに関連させていくか、そのためには何が必要か、といった方向とは異なる議論の方向性である。

もちろん、こうした問題意識はこれまでのアレント研究のなかでもみられるものである。たとえば寺島俊穂は次のように述べている。「われわれが探究している課題は、より良く生きるための方途であろう。それに対し、アレントの思想は他者と共有するリアリティと公的活動としての政治が善き生活を構成するのだと語っている」（寺島：二二）、と。ここにすべてが詰まっている。筆者の試みも、これを筆者なりのやり方で肉づけしていくにすぎない。この肉づけについての筆者の試みは、人間にとって他者の存在がきわめて重要という論点を基軸にすることである。アレントは、他者を核に据えた理論を提示しているのである。『人間の条件』に当初予定されていたタイトルが「世界への愛」であったことはよく知られているが、アレントを読むキーワードは、〈世界への愛／世界の喪失〉だと思われる。われわれは他者と世界をつくっている。この根本事実にこだわってみたい。

1　「他者たちと関連づけられた自己」

アレントは、一八世紀サロンの女主人であるラーエル・ファルンハーゲンについての伝記を書いている。「ラーエルの生涯の物語を、もし彼女自身が語ったとしたらこうであろうように私の言葉で語ること」をめざしたのである(RV 三〜四頁)。ファルンハーゲンは、アレントと同じくユダヤ人である。このユダヤ人女性の生き方を通して、アレントはみずからの生き方を考えようとしたのだろう。この評伝が出版されたのは一九五九年であるけれども、この著作が準備され始めたのは一九二〇年代後半、すなわちアレントがまだ二〇代のときである[1]。ヤング＝ブルーエルによれば、この本においてアレントが試みたのは、「アレント自身のハイデガーとの関係を懐古的に理解し、自らを彼から区別し、ハイデガー哲学の無世界性および非コミュニケーション性を理解すること」だったと言う。そして、二〇代の時にこの本で到達した考えはアレントの生涯を導いたという。このヤング＝ブルーエルの意見は注目に値しよう。ヤング＝ブルーエルに拠りながら、ファルンハーゲン論のエッセンスをみていこう(Young-Bruehl : 26–9)。

アレントは、ファルンハーゲンの問題性を「自己からの逃避」と位置づけている。注意しなければならないのは、ここで言われている自己というのは、「他者たちと関連づけられた自己(self-in-relation-to-others)」だという点である。「他者たちと関連づけられた自己からの逃避」という、ファルンハーゲンに典型的に見られるこの特徴は、ロマン主義者に共通にみられるものである。この女主人が主宰しているサロンは、「それぞれの仕方でみずからを一個のユニークな芸術作品たらしめようと努めた」のである[2]。アレントは、この点についてこう述べている。「魂の力と自律はこうして確保される。ただし真実を犠牲にして。真実は、現実なしには、他の人間と共有された現実なしには、いっさいの意味を失う」(RV 四頁、傍点引用者)、と。ファルンハーゲン、ロマン主義者、「最後のロマン主義者」であるハイデガーに共通する、この「他者たちと関連づけられた自己からの逃避」は、アレントのその後の言葉で言えば、「世界疎外」ということである。そして、世界疎外は「人間の条件」にたいする反抗ととらえられていくことになる。ファルンハーゲンを反面教師にしてアレントが求めようとしたのは、世界を共有しようと願う他の人々との絆を意味する「政治的友愛」である[3]。

このようにヤング＝ブルーエルに拠りながらファルンハーゲン論を位置づけていくと、アレントのなかの「現代人の魂に火をつける」ような論点は、彼女のきわめて初期の、いまだ哲学徒であった頃にすでに現れており、晩年の著作にまでずっと維持されたものであることがわかる（この点は後にみることになる）。本章はアレントの（政治的）友愛を論ずるものである。

2　複数性とVerlassenheit

アレントの最初の大きな著作は『全体主義の起原』である。この大作のなかでも本章がとりわけ関心があるのが第三部の全体主義論である。アレントが生涯の問いとしたのは全体主義の問題だと言っていいだろう。全体主義がなぜ問題になるのか。アレントは全体主義のどこを問題にしたのか――。ひとつは全体主義と自由をめぐるテーマである。これが、アレント政治理論の最大のテーマである。この、アレントのベースとなるテーマの解明は次章で果たすとして、ここでは、全体主義のもたらす結末に焦点を絞ることにしたい。

アレントはVerlassenheitということを問題にしていく。「全体主義的支配のなかで政治的に体得される人間共存の基本的経験は見捨てられていること(Verlassenheit)の経験なのである」(EUTH S.975＝(三)二九七頁)、と。ここのところを少し詳しくみておこう。

アレントによれば、全体主義的支配は単なる「専制の近代的形態」ではない。「専制の無力のなかでは、人間は恐怖と不信の支配する世界の内部でそれでもまだ動くことができる。この砂漠のなかでの運動の自由こそ全体主義的支配によって廃絶されるものなのである。全体主義的支配は人々からその行動能力を奪うだけではなく、むしろ反対に、まるで彼らが実はただ一人の人間であるかのように、彼らすべてを全体主義政権が企てるすべての行動、その犯すべての犯罪の共犯者に仕立て、それにともなう一切の結果を容赦なく押しつけるのだ」(S.975＝(三)二九六～七頁、傍点引用者)。全体主義支配の本質はテロルとイデオロギーである。この点についてのアレントの議論を、長いが引用しておこう。

人間たちを圧縮して群衆にし、そうして人間たちのあいだに存する自由の空間をなくしてしまう全体的テロルの強制と、テロルの力で組織された行進へ各個人を参加させ、しかるべき運動をおこなわしめる論理的演繹の強制とは、全体主義運動を絶えず運動状態にとどめるために一体となり、たがいに呼応し、たがいに他を必要としているのである。テロルの外的強制は自由の空間を破壊するとともに人間のあいだの一切の関係をなくしてしまう。他のすべての人々とぴったりとくっつけられてしまいながら各個人は完全に他から隔離されている。徹底したイデオロギー的思考の内的強制は、このように隔離された個人を、永久不変の、徹底的に論理的であるが故にどんな場合にも先の見えた過程のなかに引きずりこむことによって、この外的強制の効果を保障する。この過程にまきこまれた個人は、経験の対象となる世界の現実とそのなかでのみ遭遇し得るあの静止を決して与えられないのだ。(S.970＝(三)二九二頁)

このように、テロルによる外的強制とイデオロギーによる内的強制とによって、全体主義支配は完成するのである。テロルとイデオロギーは全体主義支配の車の両輪であるが、そのうちテロルがもたらすものは何か。より詳しくみていこう。――「人間というものが複数でなく単数でのみ存在するかのように、地上には巨大な一人の人間――その動きは自動的・必然的な自然もしくは歴史の過程と符節を合わせたように確実正確に一致する――しか存在しないかのように人間を組織することにテロルは成功する。［中略］謂わば、一個の人間に組織された人類が協力してくれなければ到達し得ないようなところにまで機械の廻転数を上げさせようとする」(S.958＝(三)二八一頁、傍点引用者)。この点は、後の『人間の条件』や『精神の生活』等にみられるタームで言えば、彼女が「地上の法則(the law of the earth)」(LM p.19＝(上)二四頁)とまで位置づけて重視する「複数性」が破壊されてしまうということである。ちなみに、先の引用のなかでさらに注目しておきたいのは、「他のすべての人々とぴったりとくっつけられてしまいながら各個人は完全に他から隔離されている」という点である。距離をめぐるこの論点は、本章の後の議論においてきわめて重要な意味をもってこよう。

このように、全体主義的支配が「巨大な一人の人間」という複数性の破壊と関係しているのであれば、全体主義的支配と Verlassenheit との関係という問いは、Verlassenheit と人びととの関係の仕方との関係をみていけばよいであろう。それは、Verlassenheit と世界のありようをみていくことである。

Verlassenheit が生ずるのは、どのような個人的な理由によるのであれ一人の人間がこの世界から追い出されたとき、もしくはどんな歴史的・政治的な理由によるのであれ人間がともに住んでいるこの世界が分裂し、たがいに結ばれ合った人間たちが突然自分自身に押返されたときである。Verlassenheit が政治的に生産力のある基本的経験になり得るのは第二の場合だけ

> だ。Verlassenheit のなかで人々は真にひとりになる。すなわち他の人々と世界から見捨てられているだけではなく、自分自身――これはまた同時に孤独のなかでの〈各人〉[4]でもあり得る――からも見捨てられている。だから彼らは孤独の分裂を実感することはできるが、他人によってもはや確認されない自分自身のアイデンティティを自分と一緒に維持することはできない。このVerlassenheit のなかでは、自分自身と世界、――ということはつまり真の思考能力と真の経験能力はともになくなってしまう。誰もがもうちゃんと確認してくれない現実を、見捨てられた人が疑うのは無理もない。なぜならこの世界がわれわれに安心を与えてくれるのはただ、この世界の存在を他の人々もわれわれに保障してくれる場合だけだからだ。(EUTH S.977＝(三)二九九頁、傍点引用者)

ここで注目しておきたいのは、「この世界がわれわれに安心を与えてくれるのはただ、この世界の存在を他の人々もわれわれに保障してくれる場合だけ」という論点である。つまり、世界のリアリティと他者の関係をめぐる議論についてである。これを裏から言えば、人間が、複数ではなく「巨大な一人の人間」として組織されたとき、Verlassenheit はもたらされる。

『全体主義の起原』の英語版最終章「イデオロギーとテロル」において、アレントは、孤立

(isolation) と loneliness を区別している。Verlassenheit は loneliness に相当する。

孤立のなかでも人は人間の営為としての世界と接触を保っている。人間の創造性の最も根源的な形式は、共同の世界に自分自身の手による何ものかをつけくわえる能力であるが、この形式が破壊されたときにはじめて孤立はまったく堪えがたいものになるのである。(OT p. 475 = (三)三一九頁)

孤立は人間生活の政治的領域に関係するにすぎないが、loneliness は全体としての人間生活に関係する。たしかに全体主義的統治はすべての専制と同様、人間生活の公共的領域を破壊することなしには、つまり人々を孤立させることによって彼らの政治的能力を破壊することなしには存在し得なかった。しかし全体主義的支配は、統治形式としては、この孤立だけでは満足せずに私生活をも破壊するという点で前例のないものである。全体主義的支配は loneliness の上に、すなわち人間が持つ最も根本的で最も絶望的な経験の一つである、自分がこの世界にまったく属していないという経験の上に成立っている。(p.475 = (三)三二〇頁、傍点引用者)

人間の複数性が破壊されたところでうまれるVerlassenheitあるいはlonelinessによって、人びとは単に孤立させられているばかりでなく世界に属さなくなってしまうのである。

ここでの文脈に関係するかぎりで、イデオロギーの位置についてもう少し詳しくみておこう。アレントによれば、「Verlassenheitのなかで一見絶対確実なものとして残されているように見える唯一のものは、否応なしに明白なものの基本的原則、2×2=4という命題のトートロジーである」(EUTH SS.977–78=(三)二九九頁)。そして、この「否応なしに明白なものの基本的原則、2×2=4という命題のトートロジー」こそイデオロギーにほかならない。「全体主義的支配機構がその組織した大衆を荒れ狂う運動のなかに引きずりこむのに用いたテロルの鉄の箍は、こうなるともう最後の拠り所のように見え、そしてまた全体主義的権力者がその帰依者たちを最悪のものを受容れる心構えにさせるのに用いた〈氷のような論理〉は、すくなくともまだ信用の措ける唯一のものであるかのように見える」(S.978=(三)三〇〇頁)。

さて、Verlassenheitのもたらす脅威は結局どこにあるか。アレントは次のように述べている。

その危険は、いたるところで終りにさしかかっているように見えるわれわれのこの世界を、その終りから新しい始まりがよみがえるひまもないうちに荒廃させようとしていることであ

る。(S.979＝(三)三〇〇頁)

ここには、「始まり」という魅力的な論点が述べられているし、「出生」という重要な概念も絡んでくるが、押さえておきたいのは、**Verlassenheit** が世界を荒廃させるという論点である。これは、複数の人間が存在するからこそ世界のリアリティも存在するという先の論点を裏側から述べたものにほかならない。

3　世界のリアリティと他者

リアリティの構築と他者というこの社会学的なテーマは、『人間の条件』でさらに展開されている。世界という概念についてより明確にしながら、この論点について深めることにしよう。

アレントは、「万人の存在によって各人にそのリアリティが保証されている世界の中で他人と共生する喜び」と語っている(HC p.244＝三八一頁)。このフレーズこそ、本章で焦点をあてようとしているアレント思想のエッセンスであるように思われる。複数性とリアリティは密接に関連しているのだ。この論点をきちんととらえるためにも、世界とは何かについてみておかなければならない。

世界とは何か。アレントは、世界を「人間関係や人間事象の網の目」と呼んでいる(p.95＝一四九頁)。アレントが〈活動的生活〉と呼んでいる、労働、仕事、活動は、いずれもこの世界概念と関係してくる。労働の産物である消費財、仕事の産物である使用対象物――「消費されるのではなく使用される物、そして使用するうちに私たちが慣れ親しむようになる物の環境」(p.94＝一四八頁)――、そして活動と言論の「生産物」、これらが「人間関係や人間事象の網の目」の構成要素である。ただし、世界には永続性と耐久性が不可欠である(p.94＝一四八頁)。この永続性と耐久性を世界に保証するのは、「世界の部分として眺められた仕事の産物であって、労働の産物ではない」。

> 使用される物は、世界の親しみ易さのもととなり、人間と人間の間だけでなく人間と物の間の交わりの習慣を作り出す。消費財が人間の生命に相対するように、使用対象物は人間の世界に相対する。(p.94＝一四八頁、傍点引用者)

人間世界のリアリティと信頼性は、なによりもまず、私たちが、物によって囲まれているという事実に依存している。なぜなら、この物というのは、それを生産する活動力よりも永続的であり、潜在的にはその物の作者の生命よりもはるかに永続的だからである。人間生活は、それが世界建設である限り、たえざる物化の過程に従っている。そして、人間の工作物を形成する生産物の世界性の程度は、世界におけるその物の永続性の程度に依存しているのである。(pp.95-6＝一五〇〜一頁、傍点引用者)

このように、世界のメルクマールは永続性・耐久性である。とすれば、アレントが評価している「活動」は、世界にどう関わってくるのか。永続性という点からすれば、活動はどうみても旗色が悪いのではなかろうか。

活動と言論の「生産物」は、そのままの状態では、他の物が有する触知性を欠くだけでなく、消費のために生産されるものよりも耐久性がなく、空虚である。(p.95＝一四九頁)

世界性という点から見ると、活動と言論と思考は、[中略]多くのものを相互に共有している。すなわち、活動と言論と思考は、それ自体ではなにも「生産」せず、生まず、生命そのものと同じように空虚である。(p.95＝一四九頁)

その［活動と言論の「生産物」の…引用者による補い（以下同様）］リアリティは、人間の複数性に依存している。つまり、活動や言語を見聞きし、したがってそれについて証言できる他人が常にいなければならない。（p.95＝一四九頁）

こうして、活動と言論の世界性との関連で、複数性、他者の存在の重要性といった論点がでてくる。ただ、世界の永続性ということからすれば、他者が存在するだけではまだ不十分である。

それらが、世界の物となり、偉業、事実、出来事、思想あるいは観念の様式になるためには、まず見られ、聞かれ、記憶され、次いで変形され、いわば物化されて、詩の言葉、書かれたページや印刷された本、絵画や彫刻、あらゆる種類の記録、文書、記念碑など、要するに物にならなければならない。人間事象の事実的世界全体は、まず第一に、それを見、聞き、記憶する他人が存在し、第二に、触知できないものを触知できる物に変形することによって、はじめてリアリティを得、持続する存在となる。（p.95＝一四九～五〇頁）

そうでないと、それぞれの過程が終わると同時にリアリティを失い、まるで存在しなかったかのように消滅する。活動と言論と思考は無世界的性格をもっているがゆえに、世界に残るためには物化が不可欠となるのである。

活動と言論と思考の生産物が世界的性格を獲得するには触知できる物にならなければならないが、その場合でもまず第一の契機たる他者の存在がとにかく前提となる。他者の存在、地上には複数の人間が存在していること、複数性が、世界性にとって大前提なのだ。活動と言論と思考にとっては、世界のリアリティは複数性によってこそ確保されるのだ。「万人の存在によって各人にそのリアリティが保証されている世界の中で他人と共生する喜び」という、すでに述べたフレーズの意味合いも、ここまでくるとよく理解できるのではないか。

リアリティの構築と他者というテーマは、アレントの死後に出版された『政治とは何か』でも述べられている。

アレントは、「〈現実の世界を生きること〉というのは、〈世界について他の人と語りあう〉というのと根底において同じことである」という(WP S.52＝四一頁)。この論点を深めることによって、さきほど『人間の条件』について確認したことがさらに明確になるのではないか。ここで話題になっているのは、活動とは区別される「意見を述べるという自由」あるいは「互いに語りあうという自由」についてである。後二者は、前者の活動とは違って、「他者がいることと、他の人の意見とつきあわせることが比較にならぬほど重要なものとみなされている点にある」(S.50＝四〇頁)。

ここで肝心なのは、誰一人として客観的なもののすべてを、自分の側から、自らと同等な仲間がなければ、現実全体として捉えることはできないということである。なぜなら、人にはその人の世界のなかでの立場に応じて、一つの視点においてだけ、ものが示され現れるからである。その人が世界を「現実にあるように」見たり経験しようとすれば、それが可能になるのは、その人が多くのものに共通なもの、それらのなかにあるものを何ものかとして認め、それを分離結合し、一人一人に別様に現し、それによって多くの人がそのことについて互いに話しあい、自分の意見、自分の見方をお互いに交流させることがなければならない。互いに語りあうという自由によって初めて、そもそも世界が論じられるもの、あらゆる点で可視的な客観性として立ち現れるのである。(SS.51-2＝四一頁)

ここには、〈世界の客観的可視性〉の成立に関わる重要な論点が提示されている。アレントは、「現れる世界においてすべてのものが獲得するパースペクティブ性」に注目しつつ(Curtis 1999：16)、世界の客観的可視性は多くの他者との共同作業によって得られるものであるとしているのである。その意味で、〈現実の世界を生きること〉は、まさに〈世界について他の人と語りあう〉というのと同じなのである。

ちなみに、アレントは、近代は、マルクスが問題にしたように自己疎外が問題なのではなく、世界疎外が問題であるとみている。この脈絡で、アレントのウェーバーにたいする評価は興味深い。「世界について別に配慮したり世界を享受したりしなくても、厳密に現世的で大きな活動力が可能であり、むしろ、その活動力の最も深い動機は、自我についての恐れと配慮であるということを彼が立証した」――アレントはこう述べている(HC p.254＝四一一頁)。むろんこれは、ウェーバーの『プロテスタンティズムの倫理と資本主義の精神』を念頭においたものである。予定説を信じたカルヴィニストにとっては、永遠の救いにあずかれるかどうかが唯一の関心であった。それは、世界から自我に関心を移転させることにほかならない。このとき、世界は解体してしまう。すでに全体主義論に拠って詳しくみたように、アレントは、世界の解体と全体主義を結びつけていた。とすれば、ウェーバーが近代にたいして当初から、ペシミスティックな見方をしていたという、たとえば山之内靖に代表される解釈(山之内 1997)も、この文脈でおさえられるかもしれない。

4　友愛と距離

アレントは、レッシング賞受賞記念講演である「暗い時代の人間性――レッシング考」論文において、本章が関心をもっている人と人の関係、人と世界との関係について、興味深い議論をしている[5]。

「世界とそこに住む人々とは同一ではありません。世界は人々の間にあり、この、『の間にある』ということは――（しばしば考えられているような）人々あるいは人間といったもの以上に――今日最大の関心事であり、また地球上ほとんどあらゆる国において最も大きな変動を蒙っているのです」と言うアレントは、この「変動」を、「世界にとって明瞭なある損失」としてとらえている（MDT p.4＝一五頁）。それは、「こうした個人とその仲間との間に形成されたはずの、独特の価値を持ち、他のものによっては償うことのできない人と人との間の関係としての世界」が失われることにほかならない。こう述べるアレントは、ここでまさに〈世界の喪失〉を問題にしている。〈世界の喪失〉は、このレッシング賞受賞記念講演に見られる最重要の関心事であると言っても過言ではない。〈世界の喪失〉は〈世界への愛〉の裏返しである。『人間の条件』に当初予定されていたタイトルが〈世界への愛〉であったことが想起されるべきである（ヤング＝ブルーエル 四三三）。レッシング論を〈世界の喪失

／世界への愛〉という観点からやや詳しくフォローしていくことにしよう。ちなみに、アレントのキータームのひとつである「政治」に関連して言うならば、ここで問題になっているように世界が曖昧なものとなるとき、「人々は自分の死活に関わる利害や私的な自由について当然の考慮を示すこと以上には、政治に要求することを止めてしまう」ことになる（MDT p.11＝二六頁）。

　こうした時代に生き、こうした時代に育てられた人々は、おそらく常に世界と公的領域とを蔑視し、できるかぎりそれらを無視しようとするのであり、さらには人々の間に横たわる世界を顧慮することなく仲間の人々との相互理解に到達するため、世界と公的領域とを飛び越えていわばそれらの背後に —— あたかも世界とは人々がその背後に身を隠すことのできる衝立にすぎないかのように —— 到達しようとします。（pp.11–2＝二六頁、傍点引用者）

「人々の間に横たわる世界」を飛び越えてなされる、「仲間の人々との相互理解」、おそらくより正確には〈仲間の人々との直接的な相互理解〉というのは、一見すると何の問題もないように思われる。暖かい人間関係は望ましいものではないのか。しかし、アレントからするならば、これは「万人の存在によって各人にそのリアリティが保証されている世界の中で他人と共生する喜び」ではまったくない。この辺のことを、同情と友愛との区別をみることで明らかにしていこう。アレントは、〈世界の喪失／世界への愛〉という軸を下敷きにしながら、同情／友愛の差異をとおして「世界」について語ろうとしているように思われるのである。

万人に共通する人間の本性を同情心にみたのはルソーであった。同情心とは、「仲間が苦しんでいるのを見ることに対する生来の嫌悪感」である(p.12＝二七頁)。同情心による博愛(fraternity)は、一八世紀の「不運な人(les malheureux)」、一九世紀の「悲惨な人(les misérables)」という、「抑圧され、迫害された人々、搾取され、傷つけられた人々」の間に自然な形で存在していた。このことが人間関係にある暖かさをうみだすのは確かであるが、それは「この世界に住む最下層民が世界への顧慮にわずらわされないですむという偉大な特権を享受している」からにほかならない(p.14＝二九頁、傍点引用者)。ここには、「世界」「距離」「あいだ」といった諸概念が関わっている。これについて、アレントは以下のように述べている。

迫害された人々が迫害の圧力のもとであまりにも近く互いに身を寄せあった結果、われわれが世界と呼んできた空間(これはもちろん迫害が加えられる以前にはかれらの間に存在して相互の間に適度の距離を保持させていた)が単に消え失せてしまったかのようです。(p.13＝二九頁、傍点引用

者）

この特権は非常に高価なものです。すなわちそれはしばしば世界の徹底的な喪失、われわれが世界に応答するのに必要なあらゆる器官の恐るべき退化——われわれ自身と他の人々とが共にする世界の中にわれわれ自身を位置づけるコモン・センスに始まり、われわれが世界を愛するのに必要な美や趣味の感覚にいたる——を伴う結果、下層民社会が数世紀も持続するような極端な場合、われわれは真の無世界状態について語ることができるほどになるからです。そして無世界状態とは、帰するところ常に野蛮状態の一形態にほかなりません。（p.13＝二八〜九頁、傍点引用者）

このように、同情は、距離の喪失、世界の喪失という大きな代償をともなっている。

最下層民の持つ暖かさを、世界における立場の違いから世界への責任を押しつけられ、最下層民の持つ快い無関心を共有することが許されていない人々にまで当然のこととして拡大することはできないのです。しかし、「暗い時代」においては、最下層民が光の代りとしている暖かさが、あるがままの世界に絶望し、その結果不可視的なものに逃げこもうとしている人々に大きな魅力を与えることも確かです。そして、不可視的なもののなかでは、すなわちそこに潜む人間がもはや可視的な世界を見ることも必要としないような暗さのなかでは、ぎっしりと詰め込まれた人間同士のもつ暖かさと同胞愛(fraternity)だけが、そこに生ずる奇妙な非現実性を補償することができるのであり、人間関係が絶対的な無世界状態のなかで万人に共通な世界とは無関係に発展する場合には、人間関係は常にこうした奇妙な非現実性を想定せざるをえないのです。このような無世界と非現実の状態のなかで、万人に共通な要素は世界ではなく、あれこれのタイプの「人間性」であるという結論は容易に生まれます。(p.16＝三一〜三二頁、傍点引用者)

そして、このタイプが理性であるか感性であるかは大きな問題ではない。

　一八世紀の合理主義と感傷主義とは楯の両面にすぎず［中略］いずれの場合にも、こうした合理性と感傷性とは不可視性の領域のなかで、共通の可視的な世界の喪失を心理的に代用したにすぎませんでした。(p.16＝三三頁、傍点引用者)

世界の客観的可視性こそ、アレントの求めるものである。世界の客観的可視性のためには、人と人の「あいだ」がなければならない。これは人間の複数性ということでもある。複数性こそ、地上の法則なのだ。世界と「あいだ」について考えておくことが重要なのである。そのためにも、当初の問いであった、同情とは区別される友愛についてより詳しく検討する必要がある。

アレントによれば、友愛を親密さの単なる一現象とみてはならない。世界から疎外されている現代人は、顔つき合わせた出会いという親密さのなかでしか真に自分を表わすことができない。その結果、「友愛(friendship)の持つ政治的妥当性」を理解することができなくなる(p.24＝四五頁)。ここで問うべきは、「友愛の持つ政治的妥当性」である。

ギリシア人にとって友愛の本質は対話のなかにありました。かれらは絶えざる議論の交換だけがポリスの市民を結合すると考えました。[中略]こうした会話は[中略]、共通の世界に関心を寄せるのであり、共通の世界は、それが絶えず人々に語られるのでなければ、まさに文字通り「非人間的」のままにとどまります。[中略]ただ世界が人間的となるのはそれが語りあいの対象となった場合に限ります。われわれが世界の物事にどれほど影響されようと、それがどれほど強くわれわれを感動させかつ刺激しようと、仲間とそれについて討論することができる場合

にのみ、そうしたことはわれわれにとって人間的なものとなるのです。(p.24＝四六頁、傍点引用者)

このように、対話、議論、会話こそが、共通の世界を人間的なものとして維持するのである。「世界の出来事やそのなかの事柄について絶えまなく頻繁に語りあうことによって、世界を人間的にすることに関心を寄せていた」のがレッシングであった(p.30＝五五頁、傍点引用者)。「かれは多くの人々の友人となることを望みましたが、誰の兄弟となることも望まなかった」、とアレントは述べている(p.30＝五五頁)。

アレントは、レッシングについて、さらに次のように述べている。

レッシングは完全に政治的人間であったからこそ、語りあいによって人間化されたところにのみ、あるいは各人がまさにそのときかれに何が起こったかをではなく、かれが何を「真理とみなす」かを語るところにのみ、真理は存在しうると主張したのです。しかし、こうした語りあいは実際ひとりでは不可能です。それは、多くの発言が存在しているような領域、かつ各人が何を「真理とみなすか」についての言明が人々を結合するとともに分離しているような、すなわちそれが世界を構成している人々の間に事実上ある距離を確立しているような領域に属するのです。こうした領域の外部にあるあらゆる真理は、それが人々に善をもたらそうと悪をもたらそうと、文字通り非人間的なものです。(pp.30-1＝五五〜六頁)

なぜ「非人間的」か —— これが重要である。

それが人々を相互に対立させ、人々を離反させるおそれがあるからではありません。むしろ、それが突如としてすべての人間を単一の意見に結びあわすような結果を生み出す恐れがあるからであり、その結果、無限の複数性を持った人々ではなく、単数の人間、一つの種族とその類型だけがこの地上に住んでいるかのように、多数の意見のなかの一つだけが浮き上がることになるからです。こうしたことが起これば、あらゆる多様性を持った人々の間の空間においてのみ形成されうる世界はまったく消滅するでしょう。(p.31＝五六頁、傍点引用者)

距離がないと、複数性が破壊され、世界も消滅してしまう。同情ではなく友愛こそは、この距離を確保するものであった。「距離」という概念が重要なのである。

同情は距離を、すなわち政治的問題や人間事象の全領域が占めている人間と人間のあいだの世界的空間(the worldly space)を取り除いてしまうので、政治的観点からいえば、同情は無意味であり何の重要性もない。[中略]彼らは、だれかがだれかにむかって両者に関心のあること──なぜなら inter-est は両者のあいだのことであるから──について語るというたぐいの断定的な、あるいは論争めいた言葉をいっさい使うことができないのである。世界にたいするこのような多弁で論争的な関心は、同情とはまったく縁がない。(OR p.86＝一二九頁)

「距離」と「関心」──両者は密接に関係している。「関心」あるいは「利害」は inter-est、「かれらの間にあるもの」を意味する。すなわち「距離」が重要なのである(ディッシュ：二六六)。関心は、「間にあるもの」を形成する。人びとの間にあって、人びとを関係づけ、人びとを結びつける何ものかを形成する(HC p.182＝二九六頁)。この「間にあるもの」こそ「世界」である。

世界とは地球とか自然のことではない。地球とか自然は、人びとがその中を動き、有機的生命の一般的条件となっている限定的な空間にすぎない。むしろ、ここでいう世界は、人間の工作物や人間の手が作った制作物に結びついており、さらに、この人工的な世界に共生している人びとの間で進行する事象に結びついている。世界の中に共生するというのは、本質的には、ちょうど、テーブルがその周りに坐っている人びとの真中(between)に位置しているように、事物の世界がそれを共有している人びとの真中(between)にあることを意味する。つまり、世界は、すべての介在者(in-between)と同じように、人びとを結びつけると同時に人びとを分離させている。(p.52＝七八〜九頁、傍点引用者)

事物も、活動と言論も、こうした「介在者」である。世界とはこれらを構成要素としている。「人びとを結びつけると同時に人びとを分離させている」世界こそ、全体主義的支配によって消滅させられたし、同情によって消滅させられたものである。人間の複数性、そしてこれにもとづく友愛こそ、人びとの世界への愛、世界のリアリティの感覚を維持させるものであった。

K・カーティスは『われわれのリアリティ感覚(Our Sense of the Real)』というアレント論を書いている。カーティスのこのアレント論は本章の関心からしてもきわめて興味深い。カーティスは、〈われわれのリアリティ感覚〉という論点がアレントの中心にあるとみている。〈われわれのリアリティ感覚〉とは、地球上で生ずるものすべてのインパクトを経験し感ずることのできるわれわれの能力を指している。「アレントが描く世界の最大の災難はわれわれのリアリティ感覚である。全体主義の実験によって開始された、われわれのこの新しい世界においては、われわれの倫理的挑戦――リアリティをいかに取り込み、リアリティにいかに喚起されつづけているか――は、新たに本質的な(elemental)性質を帯びてきている」(Curtis：158)。このようにとらえるカーティスは、現代の最大の倫理的挑戦は、「人間の個別性をいかに救い、その人間の個別性が現れ栄えることのできる世界をいかに創造するか、世界へのわれわれの情熱をいかに養うか」であるとしている(p.7)。このように、〈われわれのリアリティ感覚〉という観点からするアレント論は、きわめてアクチュアリティをもったものだということができよう。

本章のアレント論も、こうしたアクチュアルな課題にも貢献しうるアレントを描き出そうとしているのである。カーティスは次のように述べている。――「じっさい、アレントの作品に暗黙のうちにあるのは、われわれの歴史のこの段階でわれわれが現実に特有の意味で人間であるかどうかは、われわれのリアリティ感覚をより完全により深くするようなかたちでわれわれがお互いに帰属し、お互いを気遣うことのできる能力に依存している、という主張である」(p.19)。

5　複数性／同一性、公共性／共同性

アレントの観点からすれば、現代社会を特徴づけるものこそ世界の喪失なのではないか。ただし、この場合の世界の喪失は、アレント自身の問題意識であった全体主義によってもたらされるものではない。個人化による世界喪失こそ、現代社会の特徴であろう。ただ、アレント自身も全体主義のみを問題にしていたわけではない。むしろ、（誤解を招く恐れがないとは言えないが）全体主義はアレントの問題意識の出発点であったにすぎない。アレントは、彼女の生きている現代についても、この世界の喪失という観点から憂えていた。

共通世界としての公的領域は、私たちを一緒に集めるけれども、同時に、私たちがいわば体をぶつけ合って競争するのを阻止している。大衆社会をこれほど堪え難いものにしているのは、それに加わっている人間の数のためではないし、少なくともそれが第一の理由ではない。それよりも、人びとの介在者であるべき世界が、人びとを結集させる力を失い、人びとを関係させると同時に分離するその力を失っているという事実こそ、その理由である。（HC p.52–3＝七九頁、傍点引用者）

この事態を、アレントは巧みな比喩で描いている。

> この状況の不思議さは降神術の会に似ている。そこでは、テーブルの周りに集まった多くの人びとが、もちろん奇術の仕掛けによるのであるが、突然テーブルが真中から消えるのを見る。そうなると、互いに向き合って坐っている二人の人は、もはや、なにか触知できるものによって分離されていないだけでなく、互いに完全に無関係となるのである。(p.53＝七九頁)

ここで引用した、アレントの現代社会批判は、一九五〇年代の著作においてなされたものである。要するに、アレントは大衆社会を批判していたのである。世界の喪失、距離の消失という点で、大衆社会と全体主義は地続きである。「他のすべての人々とぴったりとくっつけられてしまいながら各個人は完全に他から隔離されている」(前出)状態というのは、大衆社会状況においてもみられるものである。もっといえば、現代の都市的状況には必然的に見られると言ってもよい[6]。アレントの議論は、われわれの現代社会も射程に入れたものではないだろうか。

本章は、アレント的観点からする現代社会分析を全面的に展開する場ではないが、大枠だけでもとらえておこう。われわれの現代は、同情に見られるように十分に分離できないという問題性よりも、人びとを十分に関係させることができないという問題性の方があきらかに強いだろう。バウマンの言葉を用いて言えば、「道徳的＝精神的近接」が不在ということである。個人化、消費社会化、グローバリゼーションなどをその原因としてあげることができよう。アレントの議論は、こうした現代社会において人と人とはいかに結びつくのかという問題についての解として、きわめて重要なものではないか。〈われわれのリアリティ感覚〉からみたアレント思想は、われわれの現代社会とどう切り結ぶのだろうか。最後に、この点について、デュルケムやバウマンとの比較において述べておこう。

ここでの私のアレント論の試みは、じつは、私がこれまでおこなってきたデュルケム論およびバウマン論と関連がある。デュルケムとバウマンは個人化の諸問題に取り組んだ。もちろん、両者が対処しようとした個人化は、時期的にも一世紀を隔てるものであり、それぞれ現象としては異なるものである。デュルケムが問題にしたのは帰属の喪失によって生じた個人化であり、バウマンが問題にしたのは連帯(国民国家内部の、および国民国家間の)の喪失である(Bauman 2004 : 98–9; 2007 : 67–8)。この(二つの)個人化に対抗しようとして、デュルケムとバウマンは、それぞれの連帯論を提示したと私はとらえている。これにたいして、アレントの問題意識は一見すると異なっているようにみえる。なぜならば、アレントが問題にしたのは個人化というよりも全体主義であったからだ。その意味で、アレントはデュルケムやバウマンとは正反対の問題と格闘した。しかし、全体主義を問題にしてアレントが提示するその理論は、デュルケムとバウマンの問題圏に近いように思われるのである。アレントも、人と人はいかに結びつくのかという問いを徹底的に問うたからである。もちろん、デュルケムもバウマンもこの問いを問うた。このアクチュアルな問いを問うているからこそ、一世紀も前のデュルケム、半世紀前のアレントの思想も、きわめてアクチュアルなのである。この問いにたいして、三者はそれぞれの連帯論を提示した。ただ、この問いに与えた解答は、それぞれ異なっている。

デュルケムの連帯論は、社会の理想への愛着を媒介として人と人とを結びつけるという戦略である。デュルケムの場合、人と人が直接結びつくケースにたいしては「道徳的」とは言えないとしていた。『分業論』段階で、現代の集合意識である個人主義にたいして否定的な見方をしていたのもこうした理由からであった(中島2001：六一～四)。デュルケムにおいては、道徳的であることは社会的であったのだ。これにたいして、バウマンは、デュルケムの道徳論ではホロコーストを批判できないとして、彼を厳しく批判した。社会的なルールに従うことが道徳的であるとすれば、ナチ体制に従うことによってホロコーストに貢献した人びとを批判することはできないのではないか、と。そこで、バウマンはその連帯論を、人と人が直接結びつく方向で構想したのである。それは、レヴィナスに大きな影響を受けたものであった(中島 2009)。アレントの場合はどう位置づけられるだろうか。アレントの連帯論も人と人が直接結びつくケースに相当する。したがって、アレントとバウマンの異同について明らかにする必要がある。

アレント的用語を基軸として用いながら、デュルケム、バウマン、アレント、とりわけ後二者の異同について考えることにしよう。

まず、アレントの議論で鍵となるタームは何か。公共性については、本章では直接には論じてはいないが、その意味するところは、活動と言論によって人と人が結びついている状態だと言ってよいだろう。しかし、公共性それ自体にこだわるよりも、公共性を現出させているときの人と人の関係のありようを見ることがより重要である、というのが本章の立場であった。アレントにおいては、人と人の関係を考えるにあたってもっとも大事なのは複数性である。アレントを複数性＝公共性で特徴づけることにしよう[7]。バウマンはどうか。彼の場合、レヴィナスに依拠していることからもうかがえるように、他者たるかぎりでの他者をいかに取り込むかが重要な論点であったのであるから、(そしてこのかぎりでは)バウマンも複数性＝公共性の側に位置づけることは可能だろう。これにたいして、デュルケムは同一性＝共同性によって特徴づけられるだろう。彼の場合、社会理想という共同性を媒介としているがゆえに、道徳的個人主義という社会理想を帯びているがゆえに、各人は人間的人格という点で共通であったのだ。少し説明しよう。有機的連帯論は諸個人の機能的相互依存を主張する。ただし、この機能的相互依存だけでは有機的連帯は現実に実現せず、さまざまな病理形態が生じた。だからこそ、デュルケムは有機的連帯においても集合意識が必要だとした。これが、道徳的個人主義についての議論である。個人化は道徳的個人主義という現代の集合意識に掣肘されてはじめて近代社会の構成原理となりうるという主張である。そうでない場合、個人化はエゴイスムやアノミーという病理となって立ちあらわれるのだ。道徳的個人主義という社会理想に照らせば、諸個人は道徳的人格という点で等しくなる。等しさが確保されてこそ、諸個人がそれぞれ個人的な世界に眼を向けることが可能になる。デュルケムにおいては、諸個人の等しさがまず前提されているのだ。デュルケムは、真木悠介のいう、「主体たる〈自己〉自身の規格に他者が吸収され還元されて」しまったケースといえるだろう（真木：一九〇）。

複数性＝公共性：同一性＝共同性＝バウマンおよびアレント：デュルケム

では、複数性＝公共性の側に位置づけられるバウマンとアレントとの違いはどこにあるか。ここでは、公共圏／親密圏の区別が役立つ。齋藤純一によれば、公共圏は「人びとの〈間〉にある共通の問題への関心によって成立」するのにたいして、親密圏は「具体的な他者の生／生命への配慮・関心によって形成・維持」される（齋藤 2000：九二）。われわれの立場からは、公共圏／親密圏の区別のメルクマールは距離である。距離の有無によって、世界への関心／生命への配慮の区別がでてくるのである。友愛と同情についてみたように、アレントの問題圏においてはこのふたつの区別は重要である。友愛は公共圏に、同情は親密圏に対応するだろう。アレントが重視するのは、当然のことながら、公共圏である。これにたいして、バウマンの場合、人と人がいかに結びつくかを考える際に念頭にあるのは親密圏でしかないのではないか。バウマンは、「他者のためにある」ことによって責任＝応答可能性を考える。この責任＝応答可能性は非対称的であり、無条件的であるのである（Bauman 1990 : 69＝九〇～一頁）。

公共圏：親密圏＝アレント：バウマン

このように、同一性＝共同性とは区別される「複数性＝公共性」に与する点ではバウマンとアレントは共通であるが、バウマンが重視しているのは親密圏であるのにたいして、アレントは公共圏を重視する点で大きく違うのである。共同性／公共性という区別は、親密圏／公共圏という区別とは異なった区別である。前者は他者たるかぎりでの他者をとらえているか否かという観点からの区別であるのにたいして、後者の区別は他の個人との結びつき方に注目したものである。

人と人がいかに結びつくかをめぐる問題にたいして、デュルケムともバウマンとも異なる第三の立場の射程を考える意義は大きいのではないか。筆者のアレント論の狙いはそこにある。

結び

本章は、アレントをどのように読み解いていくか、その視角を探りあてることを主な課題とした。したがって、議論を次々と積み重ねることによって深めていくというよりも、アレント自身からの引用を多く重ねていくことによって、アレントをいかに読み解いていくかということを明示することをより重視している。その際、複数性、他者、共通世界、リアリティ、友愛、距離といった言葉がアレントのキーワードになることが示された。本章の前提となり、アレント思想の基礎でもある、自由と政治についての議論も、こうした視角から読み解くことができると考えている。この点については、次章に委ねたい。いずれにせよ、本章が明らかにしたのは、アレントにとって、複数性が「地上の法則」であり、人と人とのあいだに形成される、人々を結びつけると同時に適切に切り離すような世界をいかに生き生きと保っていくことができるのか、ということが死活的に重要であるということであった。少なくとも、本章はそうした観点からアレントを読み解こうとした。それは、ある条件のもとでの人と人との関係性が確保されることによって生まれる共通世界の重要性を強調するものであった。本章冒頭で述べたように、こうした試みは、ある一定の価値を盛り込まれた目指すべき公共世界が措定されていて、それを構築するためには、人間はいかにあるべきかといった議論とは、方向性の異なる議論であると言えよう。

アレントのこうした関心は、現代において一層の重要性をもってきているのではないだろうか。この点について、最後に、ごく簡単に述べておこう。

「勝ち組」「負け組」といった言葉が流行しだしてから久しい。齋藤純一は、こうした言葉（さらには、「三分の二社会」「三分の一社会」や「Aチーム」「Bチーム」なども挙げられている）は、「たんに格差の拡大を憂える気持ちを表現するだけでなく、このまま社会の亀裂が深まっていくなら、市民相互の信頼はますます希薄になり、互いの生活を支え合おうという連帯の意識は取り返しがつかないほど失われていくのではないかというもっと根本からの不安や恐れを表現しているようにも思われる」、と述べている。齋藤によれば、社会統合の過剰が問題とされた四半世紀前とは異なって、今や、社会統合の破綻が問題であるという。「社会統合を論じるコンテクストはこの間に大きく変化し、現在では、社会の脱‐統合化(disintegration)にともなって生じている深刻な諸問題に眼を塞ぎながら『差異』のみを強調しつづけることはできなくなった。社会の分裂、セグメント化を避けようとするなら、問題は、『差異』の承認が『分裂』の肯定ではないような統合、『差異に対してセンシティヴな包摂』(J・ハーバーマス)はいかにして可能かという仕方で立て直されざるをえない」(齋藤 2008：三七～八)、と。こうした問題意識こそ、アレントを現代的に読み解く際のポイントになるのではないだろうか。複数性によって特徴づけられる人間が他者とのあいだに形成する世界およびそのリアリティという、ここでみてきたアレントの中心論点は、こうした〈差異に対してセンシティヴな包摂〉という現代的な論点にたいして重要な理論的貢献をすることができるのではないか。アレントの現代的意義はまさにそこにある。本章が示したのは、そのためのアレントの読み方である。

［註］

1　アレント自身、同書の序文で以下のように述べている。「この本の草稿は、私が一九三三年にドイツを離れたときには末尾の二章をのぞいて出来上がっていた。その最後の二章を書き上げたのも、いまから二〇年以上もまえのことになる」(RV 一頁)、と。

2 たしかに、アレントは、「人生をあたかも一つの芸術作品であるかのように生きること、『教養=人間形成』をつうじておのれの人生を一種の芸術作品になしうると信ずることは、ラーエルが同時代の人びとと共有していた大きな錯誤である」(RV 四頁)、と述べている。

3 アレントとラーエルの関係に焦点をあてるのであれば、本章でみたような側面からのみとらえるのは一面的である。アレントはラーエルについて、「ほぼ百年も前に死んだのに、私のもっとも親しい友人」だと述べているように(ヤング=ブルーエル 一〇〇頁)、もっぱら批判の対象としているわけではけっしてない。従来、ラーエルは、「近代ドイツにおいて完全な同化を果たした最初のユダヤ人と見られてきた」が、これにたいしてアレントが描くのは、「ユダヤ女性に生まれついたという『恥辱』に苦しみ、そこから脱出すべく必死に同化を試みては傷ついたすえに、同化の不可能性と欺瞞性を認識し意識的パーリアたることを選びとって、ユダヤ人であることに誇りをもって死んでゆく」というラーエル像である(RV「訳者あとがき」三二八頁)。ヤング=ブルーエルも述べている。――ラーエルの思想は「私はついてない人間でありユダヤ女性である」というものであり、アレントは、「この思想を考えながら[中略]ラーエルや自分がユダヤ人であることの意味を理解するのを妨げた初期の孤独な思考から、今の『賤民』たるユダヤ人とともにあることで最後に到達した、ユダヤ人であることを理解し受け入れる自覚までを跡づけた」、と(ヤング=ブルーエル 一三八頁)。ちなみに、最初の一一章よりは五年ほど遅れて一九三八年に書かれたという(一四五頁)最後の二章は、「賤民と成り上がり者のはざま」「ユダヤ性から逃げられはしない」と題されている。

4 〈各人〉の意味するところは、「内的対話=思考のパートナー」ということである(齋藤 2008 : 114)。

5 『思想・哲学事典』(岩波書店)によれば、レッシング(G. E. Lessing)は一八世紀ドイツの啓蒙主義を代表する文筆家・作家とされている。アレントは、この論文で、レッシングの『賢者ナータン』などの著作について言及している。

6 バウマンは、大都市を「普遍的なストレンジャー状況(universal strangerhood)」ととらえ、そこでは、物理的=身体的近接(physical proximity)はあっても道徳的=精神的近接(moral proximity)が欠如している、としている(Bauman 1990 : 69-70＝九一頁)。

7 ここで、アレントとハバーマスとの関連についてみておこう。本章でもレッシングに関連させてみたように、アレントにおいては、あくまで異なった他者との議論が重視されるのにたいして、公共性のもう一人の唱道者ハバーマスには「普遍的原理への同一化への志向」「統一化、コンセンサス志向」がみられる。杉浦敏子は、この点について次のように述べている。「ハーバーマスは社会学的かつ制度論的アプローチをとり、公的領域は市民社会を基盤にし、あくまでそこから生起し、そこでの討議がコンセンサスに達することを重視するが、アーレントにおける公的領域は合意形成の場であるというよりは、人々がともに活動する場、さらには自らのニークさ、卓越さをあらわす場としての意味を持つ。この場における予測できない、偶然性をもった、非定型的な行為を人々の前で開示することが、死すべき運命を持つ人間が不死を獲得する方法なのである」(杉浦 2002 : 六四)。ハバーマスの場合、「コンセンサスの形成には均質化、同質化の圧力が働き、結局、他者の排除を伴う」ことになる(一九八～九頁)。

〔**文献**〕

Bauman, Z., 1990, *Thinking Sociologically*, Basil Blackwell＝奥井智之訳　1993,『社会学の考え方』ＨＢＪ出版局

——, 2004, *Europe*, Polity

——, 2007, *Liquid Times*, Polity

Curtis, K., 1999, *Our Sense of the Real*, Cornell University Press

ディッシュ 2001「『暗い時代』の友愛について」、(岡野八代・志水紀代子訳)『ハンナ・アーレントとフェミニズム』所収、未來社

真木悠介 1971『人間解放の理論のために』筑摩書房

中島道男 2001『エミール・デュルケム――社会の道徳的再建と社会学』東信堂

—— 2009『バウマン社会理論の射程――ポストモダニティと倫理』青弓社

齋藤純一 2000『公共性』岩波書店

—— 2008『政治と複数性』岩波書店

杉浦敏子 2002『ハンナ・アーレント入門』藤原書店

寺島俊穂 2006『ハンナ・アレントの政治理論』ミネルヴァ書房

山之内靖 1997『マックス・ヴェーバー入門』岩波新書

ヤング=ブルーエル 1999(荒川幾男・原一子・本間直子・宮内寿子訳)『ハンナ・アーレント伝』晶文社

Young-Bruehl, E., 2006, *Why Arendt Matters*, Yale University Press

第2章

政治・自由・他者

ハンナ・アレントへの関心は、内外を問わず、このところ高い。研究書・研究論文もたくさん発表されている。この関心の高さはなにゆえだろうか。ごく最近(二〇〇六年)生誕百周年を迎えたこともあるいは影響しているかもしれない。とはいえ、これは周辺的な理由にすぎない。研究者はそれぞれの関心に即してアレントを読んでいる。それによってさまざまなアレント像が提示されている。アレント研究史についてはここでは触れない[1]。肝心なのは、量産されているアレント論のなかで、われわれ自身はいかなるアレント読解をするか、である。アレントのなかに何を読もうとするのか——。

アレントは、主著『人間の条件』(一九五八年)において、活動的生活を構成する労働、仕事、活動のうち、やはり活動により高い価値をおいているようにみえる。そして、活動は政治と関連づけられている。しかし、『人間の条件』はあくまで活動について論じているのであって、政治はさほど前面には出てこない。『人間の条件』の読者は、いわゆる政治論が展開されているという印象はあまり受けないのではないか。しかし、アレントは政治理論家、政治学者である。政治にこだわらないはずがない。本章は、こうした疑問を念頭に入れながら、アレントが政治についてどのようにとらえていたかを考えようとするものである。『人間の条件』にかぎらずアレントの営為全体がめざしたのは、結局、政治の意味の問い直しであろう。われわれも、自由、他者、複数性といった諸概念との関連を明らかにしながら、政治の意味のこの問い直し作業を跡づけることにしよう。その際、他者が贈り物を受け取るか／受け取らないかという局面を強調した、われわれなりの贈与論を導入・援用する。そして、アレント思想は他者の社会理論の文脈で把握可能であることを示したい。

1　政治と自由

『人間の条件』と同時期に準備されていたが結局は出版されなかった『政治とは何か』という本が、最近（一九九三年）になって公刊された。これは、アレントがこの本の出版に向けて書いていた原稿の「断片」を編集したものであって、体系的な本ではない。しかし、アレントが政治についてどう考えていたかがよくわかる本である。この本を手がかりとしながら、アレントの思想をみていくことにしよう。

アレントは、現代的意味での政治の問い直しをおこなっている。そこには、政治への危機意識がある。そこには、「我々が政治にかかわってなしてきた非常に現実的な経験」からうまれた問い、「政治が今世紀にすでに引き起こしてきた災いやそこからもっと増大しかねないより大きな災いから火の手が上がった」問いがある。それは、「政治はいったいそもそもなお意味があるのか」という問いである(WP S.28＝二〇頁)。「政治はいったいそもそもなお意味があるのか」という、この根本的な問いをもたらした経験は、ひとつは全体主義、もうひとつは核兵器による絶滅の可能性である。

全体主義の問題については、あとで詳細にみることにして、まずは核兵器の問題をとりあげることにしよう。人間のみならずこの世の生命全体の存続が危機にさらされている現状からすれば、賢明な選択としてでてくるのは、「政治のために皆だめにさせられる前に、なんとかして政治を廃止する」という期待である(S.29＝二一頁)。

しかし、アレントはここで、「よき方向への決定的な変化が生じる」ための奇跡、しかも、軽薄でも愚かでも無思慮でもない奇跡に頼るという方向性を提示する。そもそも、「我々の現実の存在の枠組み全体、すなわち、地球の存在、そこでの生命体の営み、人類の現存」が奇跡に基づいている。「どうにもあり得そうにないこと」に基づいているのだ(S.32＝二三頁)。ただ、この世の人間の生活が「どうにもあり得そうにないもの」に基づいていることと、人間事象の出来事の奇跡とは大きな違いがある(S.34＝二五頁)。後者の場合、「奇跡を起こす人がおり、人間自身が明らかに奇跡を行うのにふさわしい能力をきわめて驚嘆すべき仕方で、しかも不可思議な仕方で具えている」のである。アレントは、この能力こそ「活動」であるという。活動には「新しいことを始める」という働きがある。そして、ここには、人間が「出生」によってこの世界に登場したという事実が関わっている。アレントにおいては、「活動」、そしてこれを基礎づけている「新たな始まり」、さらにこれを基礎づけている「出生」はきわめて重要なタームなのである。

このように、アレントは、「そもそも政治にはなお意味があるのか」という現代の人々の切実な問いにたいして、「活動」によって答えようとする。このことは、自由を政治の意味として復権させようとすることでもある。自由の復権こそがアレントの政治理論のエッセンスであると言っていいだろう。「政治の意味が自由であるのなら、それは我々が他ならぬこの領域で奇跡を待ち受ける権利を事実持っているということなのだ。それは、我々が奇跡を信じやすいからというのではなく、人間が活動できるかぎり、起こりそうもないこと、見当もつきそうにないことをなしうるのだし、知っていてもいなくても、なし続けうるのである」(S.35＝二六頁)。ちなみに、「活動」は『人間の条件』のキータームでもあった。そして、古代ギリシアのポリスにまでさかのぼって、この復権のための読解作業がおこなわれたのであった。

アレントにとって、政治とは、よく言われるような、物質的利害の調停などではない。ちなみに、国家が核兵器の保有にまで突き進んでいったのは、労働が社会のなかで圧倒的な役割を占めるようになった近代において、商品生産のたえざる増大と消費の拡大が人々の関心の中心に据えられ、国家が権力を集中することによってそうした物質的利害の独占的支配者・調停者になった結果なのである(WP 二二六～七頁「訳者解説」参照)。このとき、政治はより高次の目的のための手段とされてしまっている。政治とは、「広義の意味での生活の保障」ということになる。この生活の保障は、「暴力を独占しており、万人の万人に対する戦いを阻止しうる国家によってのみ可能」というわけである(WP SS.36-7＝二七～八頁)。これにたいして、アレントが主張するのは、ギリシア的意味での政治である。中心にあるのは、自由である。「この場合、自由は消極的には、支配されも支配しもしないことと考えられるが、積極的には、誰もが自分と平等な者の間で活動できる空間であって、この空間は多くの人で作るべきものなのである。自分と同等な、こうした他者なしには、自由は存在しない」(S.39＝三〇頁、傍点引用者)。このように考えれば、「政治はいつでもどこでも存在しているし、また実際存在し続けた」という、自明のように思われている考えは誤りである。そうではなく、「歴史的事実として言えば、ごくわずかの偉大なる時代にのみ、知られるようになり、実現されたにすぎなかった」。アレントは、「けれども、このようなわずかの歴史の僥倖が決定的なのである」と言う(SS.41-2＝三二頁)。「ただそこにおいてのみ、政治の意味が、しかも政治的なものの幸不幸さえもが完全に現れてくる」。

それによってこうしたケースが規範的なものとなるのだが、その場合、そこに含まれている組織形態が真似られ得るのではなくて、短期間だけ完全に現実のものとなった一定の理念や思想が、政治的なものを完全に経験することが拒まれている時代をも、決めることに関与するのである。(S.42＝三二頁)

アレントは古代ギリシアを理想化しているとよく批判されるのであるが、そう単純なことではないことがこれでわかるだろう。重要なのは、組織形態ではなく理念・思想である。

政治―自由―活動の意味をより明確にするために、次に、政治への危機意識と全体主義の問題とがいかに関連しているかをやや詳しくみていくことにしよう。依拠するのは、『全体主義の起原』における強制収容所を扱った部分である。

アレントは、全体的支配への道の決定的な第一歩は、人間の法的人格を殺すことであるという(EUTH S.922＝(三)二四六頁)。「人間からその権利を奪うこと、人間の裡にある法的人格を殺すこと、これは全体的な支配がおこなわれるための前提条件であり、自由な同意ということさえもこの支配にとっては邪魔になるのだ」(S.928＝(三)二五二頁)。次に決定的になるのは道徳的人格の虐殺である(S.929＝(三)二五三頁)。

西欧世界はこれまでのところ、その最も暗黒の時代においてすらも、われわれはすべて人間である(そして人間以外の何ものでもない)ということの当然の認知として、追憶されることへの権利を殺された敵にも認めて来た。アキレウスはみずからヘクトールの埋葬におもむいたし、専制政府も死んだ敵を敬ったし、ローマ人はキリスト教徒が殉職者伝を書くことを許したし、教会は異端者を人間の記憶のなかにとどめた。だからこそすべては保たれ、跡形なく消え去るということはあり得なかったのだ。人間は常に自分の信条のために死ぬことができた。強制収容所は死そのものをすら無名《アノニマス》なものとすることで[中略]、死というものがいかなる場合にも持つことのできた意味を奪った。それは謂わば、各人の手から彼自身の死を捥ぎ取ることで、彼がもはや何ものも所有せず何ぴとにも属さないということを証明しようとしたのだ。彼の死は彼という人間がいまだかつて存在しなかったということの確認にすぎなかった。(SS.929-930＝(三)二五四頁; OT p.452)

法的人格を殺し、次には道徳的人格を殺したその次は、個体性・唯一性の破壊である。

この個体性、唯一性の破壊は、法的・政治的人格のおぼえる怒りや道徳的人格が味わう絶望などよりもはるかに深い戦慄をわれわれに感じさせる。結局のところすべての人間はひとしく動物であると――いかにも尤もなことだが――主張する、強制収容所体験を普遍化したニヒリズムはここにはじまるのである。まことに強制収容所の経験は、人間を人間の顔をした動物の一種に変えることは事実可能であり、人間の〈自然〉(本性)が〈人間的〉であるのは、きわめて非自然的なもの、すなわち人間になることが人間に許されている場合のみであるということを明示している。(EUTH S.934＝(三)二五八頁)

個体性・唯一性の破壊は、ひとことで言えば「自発性の抹殺」である(S.935＝(三)二五八頁)。

その後に残るのは、生身の人間の顔を与えられているが故にかえって無気味な、例外なしに死にいたるまで唯々諾々と反応を――反応のみを――つづけるパブロフの犬と同様にふるまうあの操り人形なのだ。これこそこのシステムの最大の勝利である。(S.935＝(三)二五八頁)

パヴロフの犬は最も基本的な反応に還元された人間動物の見本であって、いつでも殺して、同じ行動をする他の反応の束と取替えることができる。このパヴロフの犬こそ全体主義国家の

〈市民〉のモデルなのだが、収容所の外ではこのモデルは常に不完全な形でしか作り出せないのだ。(S.936＝(三)二六〇頁)

このように、強制収容所では、全体主義国家の〈市民〉のモデルであるパブロフの犬が完全な形でつくりだされる。ここまでみてくれば、全体主義国家の強制収容所で生じているのは自由の抹殺、政治の抹殺以外のなにものでもないことは明かである。なぜ自発性が抹殺されたのか――。

自発性はまさに自発性であるが故に予測不可能なもの(incalculability)であって、そのため人間に対する全体的支配の最大の障碍になるからである。(S.937＝(三)二六一頁; OT p.456, 傍点引用者)

「どうにもあり得そうにないこと」「新しいこと」「予測不可能なこと」といったものこそ、アレントの自由の特徴にほかならない。これを抹殺しようとしたのが全体主義なのである。「赤い糸のように」つながっていた政治と自由とが、断ち切られてしまったのである(WP p.42＝三三頁)。「全体主義体制にとって問題であるのは、人々を支配するデスポティックな体制を打建てることではなく、人間をまったく無用にするようなシステムを作ることなのだ」(EUTH S.937＝(三)二六一頁、傍点引用者）。人間の本質が脅かされているのである（S.941＝（三）二六五頁）。
以上のように、アレントにおいては、政治と自由は分かちがたく結びついている。政治の意味の問い直しの作業は、結局は、人間の自由の復権ということである。活動概念はそのためにある。

2　自由と他者

ここで注意しておかなければならないのは、自由は他者なしには生まれないということだ。この論点は、本章でもさきほど、『政治とは何か』を紹介しながら確認しておいた。ここでは、『人間の条件』と同じ年に発表された論文「自由とは何か」に拠りながら、みていくことにしよう。この論文で、アレントは、「政治の存在理由（レゾン・デートル）は自由であり、自由が経験される場は活動にほかならない」（BPF p.145＝一九七頁）と述べている。さらに、われわれの直接の問いである、自由と他者の関係についても以下のように述べている。

われわれが自由やそれに対立するものを自覚するようになったのは、まず他者との交わりにおいてであって、自ら自身との交わりにおいてではなかった。自由は、思考の属性や意志の属性となる前に、自由人の状態、つまり、人びとに移動を可能にさせ、家を後にして世界のなかに入り、行ないや言葉において他者と出会うのを可能にさせる状態として理解された。この自由には明らかに解放(liberation)が先だっていた。自由であるためには、人は、生命の必要から自ら自身を解放していなければならない。しかし、自由であるという状態は解放の作用から自動的に帰結するものではない。自由は、たんなる解放に加えて、同じ状態にいる他者と共にあることを必要とし、さらに、他者と出会うための共通の公的空間、いいかえれば、自由人誰もが言葉と行ないによって立ち現われうる政治的に組織された世界を必要とした。(p.147＝二〇〇頁、傍点引用者)

ここには、古代ギリシアの市民と奴隷の区別がかかわっている。生命の必要から解放されている市民は、家庭の外の公的領域で同じ市民と語りあうのである。すでに述べたように、古代ギリシアの例がわれわれにとって規範となる[2]。「人びとがその後にも先にも、政治的な活動様式をこれほど高く評価し、またその領域にこれほどの尊厳を与えたためしはなかったからである」(p.153＝二〇八頁)。ポリスにおいては、他者はきわめて重要となる。

そこでは自由は、他者に聞かれる言葉に、他者に見られる行ないに具体化され、そして語られ記憶されて物語に転換され、最終的には人間の歴史という偉大な物語の書に書き加えられる出来事に具体化される。この現われの空間に生じるものはすべて、たとえ行為から直接生じるのではないとしても、明らかに政治的である。(p.153＝二〇九頁)

人間の条件は、一人ではなく複数の人間が地上に生きているという事実によって規定されており、この条件のもとでは、自由と主権はまったく異質であり、同時には存在することさえできない。(p.163＝二二三頁)

このように、他者の重要性、複数性、自由という諸論点の密接なつながりを確認できる。さらに、この引用には、自由のとらえ方についてある立場への批判をみることができる。それは、自由を自由意志としてとらえる立場、哲学者の立場への批判である。

哲学によって、自由の理念が、行為から力としての意志へ移動し、行為のうちに具体的に明示される状態としての自由から選択の自由(*liberum arbitrium*)へと移動した結果、それは、前述の意味での至芸(virtuosity)であることをやめ、他者から独立し、しかも最終的には他者を圧倒する自由意志の理想、すなわち主権となった。(pp.161-2＝一二一頁)

この立場の典型はルソーである。

政治的に見れば、こうした自由と主権の同一視は、自由と自由意志との哲学的な同一視のおそらく最も有害で危険な帰結である。というのも、こうした同一視は、いかなる人びともけっして主権的ではありえないという認識に基づいて人間的自由の否定にいたるか、さもなければ、一人の人間、一集団、一政治体の自由は、他のすべての人びとの主権を犠牲にすることによってのみ購われるという見方に傾くかの、いずれかだからである。旧来の哲学の概念の枠組みでは、自由でありながら主権的でないこと、いいかえれば、主権性を欠きながらなおも人びとが自由でありうることなどおよそ理解を絶することである。(pp.162-3＝一二二～三頁)

自由は自由意志としてとらえられるものではけっしてない。かくして、自由と他者の関係についてもう一度立ち返る必要がある。すなわち、「自分と同等な、こうした他者なしには、自由は存在しない」という論点(WP S.39＝三〇頁)にほかならない。通例、平等が結びつけられるのは公正という概念であるが(S.40＝三〇頁)、アレントにおいては、平等という概念は自由という概念に関係づけられている。ポリスにおいてこそ、自由と平等のこのつながりは実現していた。

ポリスを去るなり、ポリスから追放された人は、単に自分の故郷なり祖国を失うだけでなく、自分が自由であり得る空間を失うのである。というのも、自らと対等な者との交際を失うからである。(S.41＝三一頁)

ちなみに、「自分と同等な、こうした他者なしには、自由は存在しない」という論点は、アレントの議論のなかできわめて重要な位置を占めるものである。たとえば、革命論。アレントは、アメリカ革命の人々が複数性を強調していたことに注目している――。

共和政における公的領域は対等者(equals)のあいだでおこなわれる意見の交換によって構成されるものであり、この公的領域は、たまたますべての対等者が同一の意見をもったために意見交換が無意味になったその瞬間に簡単に消滅するであろうということを知っていた。(OR p.93＝一三八頁)

彼らは、「万人の潜在的な意見の一致にほかならぬ世論」(p.93＝一三八頁)には反対したのだ。対等者のあいだでの意見交換でなければならない。そして、革命とは「自由の創設(foundation of freedom)」のことであり、自由が姿を現わすことのできる空間を保持する政治体の創設のことであった(p.125＝一九一頁)。こうした観点から、アレントは、フランス革命ではなくアメリカ革命を高く評価していたのである。

3　自由の代償

自由－他者－複数性のつながりについてみてきた。人間の活動の特徴、ひいては人間の特徴は自由ということ、これがポイントであった。しかし、自由は厄介なものでもある。自由には代償がある。

アレントによれば、人間が自由にたいして支払う代償は、「人間は自分自身に頼ることができない、あるいは自分自身を完全に信じることができない」という点である(HC p.244＝三八一頁)。人間の活動は不可予言性をもっているのだ。したがって、「人間は基本的には頼りにならないものであって、自分が明日どうなるかということを今日保証することはできない」。また、「人間は自分の行為の唯一の主人たりえず、行為の結果について予め知ることができず、未来に頼ることができない」。この点は、「人間が複数性とリアリティにたいして支払う代償であり、万人の存在によって各人にそのリアリティが保証されている世界の中で他人と共生する喜びにたいして支払う代償」である(p.244＝三八一頁)。こうした「代償」があるにもかかわらず、というよりもむしろこうした「代償」があるが故にと言った方がいいだろうが、人間の活動は活動たりえているのである。活動(action)は、繰り返される日常行動にすぎない行動(behavior)とは区別される。前者は偉大さ(greatness)の基準によって判断されるのにたいして、後者は道徳的基準・道徳規則によって善悪が判断される(p.205＝三三〇頁)。こうした活動こそをアレントは強調するのである。この点は、「独立独行の自律的自我、他者の確証からは独立した存在」を強調するロマン主義者への批判ともなっている(Young-Bruehl : 123)。

活動のこうした性格を「欠点」ととらえる立場がある。これにたいするアレントの考えをもう少し詳しくみることによって、主張をより明確にしておこう(cf. Curtis : 101–3)。

活動の三重の欠点とされるものは、活動結果の不可予言性、活動過程の不可逆性、活動過程をつくる者の匿名性である。これを憤激する人たちは、人間事象の領域から偶然性を除去し、行為者が複数いることから必ず生じる道徳的無責任を除去しようとする。そして、活動の代わりに製作をもってくる。「他人から離れた唯一人の人間が最初から最後まで自分の行為の主人に留まることができる」(HC p.220＝三四九頁)、というわけである。アレントによれば、この試みは、結局のところ、「政治の本質に反対する議論に転化する」という(p.220＝三四九頁)。この辺の議論をきちんとおさえておく必要があろう。

なぜ、政治の本質に反するか——。上述の欠点とされるものは人間の複数性から生ずるものであって、「この人間の複数性というのは、公的領域である出現の空間にとっては必要不可欠な条件である。このために、この複数性を取り除こうとする企ては、必ず、公的領域そのものを廃止しようとする企てに等しいということになる」(p.220＝三四九頁)。こうとらえるアレントは、「プラトン以来の大部分の政治哲学は、政治全体から逃亡するための理論的基礎と実践的方法を発見しようとするさまざまな試みにすぎなかったと解釈することもできよう」(p.222＝三五〇〜一頁)とまで主張している。アレントのプラトンにたいする主張をみておこう。

プラトンの哲人王の主張にもうかがえるように、プラトンの問題は、「創始者が自分の始めたことを完成するのに他人の助けを必要とせず、最後まで確実にその行為の完全な主人であるにはどうすればよいかということ」(p.222＝三五一頁)であった。そのために、彼は、「始める(アルケイン)」と「達成する(プラッテイン)」を切り離してしまおうとする。「他人がもはや自分自身の動機と目的をもって自発的にこの企てに加わる必要がなく、命令をただ執行するのに利用されるだけであり、他方、企てを始めた創始者は行為そのものに巻き込まれない」(p.222＝三五一頁)。この、「知る人は行なう必要がなく、行なう人は思考や知識を必要としない」状態は、「秩序ある家族を築くための処世訓を、ポリスの運営にも応用した」ものである(p.223＝三五二頁)。つまり、家族内の主人と奴隷の関係にもとづいている。アレントの言う政治は、奴隷ではない市民が対等の立場でおこなうものであった。であるならば、プラトンの試みが政治の本質に反するものであることは明白であろう。

製作は手段―目的のカテゴリーでとらえられるものである。このとき、「卵を割らずにオムレツを作ることはできない」という格言にもうかがえるように、目的のためにはすべての手段が正当化されることにもなる。そしてまた、政治は目的のための手段に堕してしまう(p.229＝三五九～六〇頁)。他方、アレントにとっては、政治は目的そのものであって、目的のための手段などではない。

以上みたように、活動にともなう「欠点」をなくす試みは、アレントの言う政治を破壊してしまうのである。プラトンやアリストテレスは、「一方で、職人を一人前の市民よりも価値の低い者と考えていながら、他方では、政治問題を製作として扱い、政治体を製作の形で支配するよう提案」したことにもあらわれているように、ここでみてきたものは「真性の難問(authentic perplexities)」である(p.230＝三六一頁)。

では、この「真性の難問」をアレントはどうとらえたのだろうか。

活動にともなう先の特性が「欠点」とされたのは、当然のことながら、「自由」ということともかかわっている。「人間が最も不自由に見える領域は、生命の必要に従属する労働でもなければ、所与の材料に依存する製作でもない。むしろほかならぬ自由を本質とする能力において、またその存在をただ人間にのみ負っている領域においてこそ、人間は最も不自由に見えるのである」(p.234＝三六七頁)。まさに「真性の難問」とされた所以である。アレントによれば、ここには、自由という概念のとらえ違いがある。すでに触れたように、主権と自由が同一視されてしまっているのである。アレントは、主権は、「非妥協的な自己充足支配の理念であって、ほかならぬ複数性の条件と矛盾する」という(p.234＝三六八頁)。地上には複数の人間がいるのであって、「だれも主権をもつことができない」(p.234＝三六八頁)。自由と主権の同一視という立場から自由になった眼で見ると、先の特性は「欠点」などではまったくないはずである。しかし、「欠点」ではないと叫ぶだけでは、「真性の難問」の解決にはならない。アレントは、この点を、次のような戦略で乗り越えようとしているのではないか。「活動の能力は、それ自身の中に、非主権の無能力を超えて活動を存続させうる一定の潜在能力を秘めていないかどうか」(p.236＝三七〇頁)。──アレントは、こうした問いを問うことによって「真性の難問」を解決しようとしたように思われる。

この文脈で登場するのが、「許しの力」と「約束の力」である。前者は活動の不可逆性の、後者は不可予言性の、救済策と位置づけられている。

自分の行なった行為から生じる結果から解放され、許されることがなければ、私たちの活動能力は、いわば、たった一つの行為に限定されるだろう。そして、私たちはそのたった一つの行為の犠牲者となる。[中略]他方、約束の実行に拘束されることがなければ、私たちは、自分のアイデンティティを維持することができない。なぜならばその場合、私たちは、なんの助けもなく、進む方向も判らずに、人間のそれぞれ孤独な心の暗闇の中をさまようように運命づけられ、矛盾と曖昧さの中にとらわれてしまうからである。(p.237＝三七二頁)

こうした許しと約束は、複数性に、また他人の存在と活動に依存するものである。というのは、「だれも自分自身を許すことはできないし、だれも自分自身とだけ取り交わした約束に拘束されていると感じることはありえないからである」(p.237＝三七二頁)。このように、活動にともなう「真性の難問」は、活動の核でもある複数性のただ中で活動がもつ潜在能力によって解消——解決というよりも解消——されているのである[3]。

このように活動を救い出したアレントは、究極的には「人間の出生(natality)」という事実を重視する。「人間事象の領域である世界は、そのまま放置すれば『自然に』破滅する。それを救う奇蹟というのは、究極的には、人間の出生という事実であり、活動の能力も存在論的にはこの出生にもとづいている」。つまり、「新しい人びとの誕生」、「新しい始まり」、「人びとが誕生したことによって行ないうる活動」ということである(p.247＝三八五〜六頁)。アレントにおいては、始まりとしての活動は出生(natality)という人間の条件の現実化としてとらえられているのである(p.178＝二八九頁)。

なるほど、人間は死ななければならない。しかし、人間が生まれてきたのは死ぬためではなくて、始めるためである。(p.246＝三八五頁)

これは、トマス・アクィナスを引用しながら、『全体主義の起原』においても述べられていた論点である。さらには、人間を「死を自覚する存在」ととらえた、アレントの師であるハイデガーにたいするアンチテーゼでもあるだろう。

4　who の贈与と他者

カノヴァンは、アレントをすぐれて〈はじまりの理論家(the theorist of beginnings)〉であるとしている(Canovan 1998 : vii)。というのも、上でみたように、アレントが予期せざるものの物語や、新しい何かを始める人間の能力について思考しているからにほかならない。はじまり(beginning)や創始(initiative)によって特徴づけられる活動は、アレントによれば、人の who を表すという。

> 人びとは活動と言論において、自分がだれであるかを示し、そのユニークな人格的アイデンティティを積極的に明らかにし、こうして人間世界にその姿を現わす。しかしその人の肉体的アイデンティティの方は、別にその人の活動がなくても、肉体のユニークな形と声の音の中に現われる。その人が『なに(“what”)』であるか —— その人が示したり隠したりできるその人の特質、天分、能力、欠陥 —— の暴露(disclosure)とは対照的に、その人が『何者(“who”)』であるかということの暴露は、その人が語る言葉と行なう行為の方にすべて暗示されている。それを隠すことができるのは、完全な沈黙と完全な消極性だけである。しかし、その暴露は、それをある

意図的な目的として行なうことはほとんど不可能である。人は自分の特質を所有し、それを自由に処理するのと同じ仕方でこの『正体（“who”）』を扱うことはできないのである。それどころか、確実なのは、他人にはこれほどはっきりとまちがいなく現われる『正体（“who”）』が、本人の眼にはまったく隠されたままになっているということである。（HC p.179＝二九一～二頁、傍点引用者）

この引用に示されているように、活動と言論によって表わされるwhoは意図的に示すこともできなければ、行為者本人にもけっして明らかにされることはない。ということは、行為者ではなく行為者をとりまく他者こそが重要ということである。

活動概念に関連して述べたwhoの暴露というテーマには、きわめて重要な論点が孕まれているように思われる。この点について補強しておきたい。私がアレントに注目する最大の理由も、じつはこの論点にある。とはいえ、この点を論じるまえに、whoという、いささかわかりにくい概念そのものについて、もう少しだけ触れておきたい。

ここには、「人格的なもの(personal)と主観的なもの(subjective)とを同一視し、客観的なもの(objective)と事実的あるいは非人格的なもの(impersonal)とを同一視する慣習」への批判が関わっている(MDT p.72＝一一六頁)。この論点は、ヤスパースへの「賞賛の辞」で披瀝されている。われわれがとらわれているこの慣習は、「人格(the person)から切り離された『客観的な作品』だけが公的なものに属し、その背後にある人格やその生活は私的な事柄であると考え」るものである(p.72＝一一六頁)。これにたいして、アレントは、「主観性と客観性とをではなく、個人(the individual)と人格(the person)とを区別することを学ばねばなりません」という(pp.72-3＝一一七頁)。アレントにとっては、「人格的な要素は主観の統御を超えたものであり、したがって単なる主観性とは正反対のもの」なのである(p.73＝一一八頁)。通説とは違って、人格的なものはけっして個人的なものではない。なぜか――。「作品がアカデミックなものであるばかりか、『自己の生の証明(having proved oneself in life)』の結果でもあるとするなら、生きた行為や音声はその作品にまつわりつき、その人格自身も作品とともに現われることになる」からである(p.73＝一一七頁)。しかし、「そのとき現われるものは、それを示す当人にとって未知のものであり、かれが出版のために準備した作品を統御しうるようには、自分自身の現われ方を統御できません」(p.73＝一一七頁)。ここでも、さきほどの who のとらえ方が顔をだしている。そして、この人格性(personality)はきわめてとらえがたいものであるが、ギリシア語のダイモンにもっとも近いものとされている。「これは生涯を通じてすべての人に随伴する守護神ですが、いつも肩越しにだけのぞいているため、自分自身よりも自分が出会う人すべての方がそれを容易に認められるのです」(p.73＝一一八頁)。そして、「この[ダイモンという]人間のなかの人格的な要素(this personal element in a man)は、公的空間が存在しているところにだけ現われることができ」るとされている(p.73＝一一八頁)。であるとすれば、人格的なものは主観的なものではなく、むしろアレント的な意味での公的なもの、政治的なものと関連があるのである。また、ダイモンは、古代ローマ人ならば、フマニタスと呼んだものである。ドイツ語で言うならば、カントやヤスパースがフマニテート(Humanität)と呼んだものであり、「それは、妥当な人格性(valid personality)であり、いったん身につけば、たとえ他のすべての肉体的・精神的才能が時間の破壊性に屈服するとしても、それが人間から離れ去ることはありません」とされている(p.73＝一一八〜九頁)。こうして、われわれは、ふたたび、who と what の区別に出会っている。who について以上のような精神史的な位置づけがなされていることを確認して、本論に戻ることにしよう。

アレントによれば、活動と言論によって表わされる who は意図的に示すこともできなければ、行為者本人にもけっして明らかにされることはない。この主張はきわめて大胆なものではないだろうか。贈与論を手がかりにしながら考えていきたい。who の暴露というのは who の贈与ではないか、というのがここでの出発点である。

贈り物は、必ず相手に受け取られるだろうか。じつは、そうではない。受け取られない可能性があるのである。バレンタインデーのチョコを考えてみればよい。チョコとともに贈られる告白は、うまくいくとはかぎらないのだ。なぜか――。相手が、恋人関係にはなっていない、まったくの他者だからではないのか。私と相手とのあいだには容易に跳び越せない深淵があるのである。この深淵を飛び越えて、相手とのあいだに「関係づけ」(cf. 今村：二八)ができるかどうかがバレンタインデーのスリルである。この日、恋人候補者は、まさに命がけでこの深淵を飛ぶのである。

なぜ、こうした卑近な例を取りあげたか――。贈与論と言えばすぐに思い出されるのはモースであるが、彼は、周知のように、贈り物を「与え、受け取り、返す義務」を主張する。さきほどの例で確認したかったのは、贈与については、受け取られない可能性を考慮しておくことがきわめて重要なのではないかということである[4]。

このように、贈与を考えるにあたっては「受け取る／受け取らない」が鍵となるのである。この贈与論を、アレントのいう活動の理解に役立てることができないだろうか。

贈与は、与えた贈り物が相手に受け取られない可能性＝危険性に直面している。それは、相手が他者だからであった。アレントのいう who の暴露もやはりそうである。それは、こちらのコントロールのきかないものである。ただ、これでは、まだアレントの活動概念のエッセンスには届いていないように思われる。というのも、あらゆるコミュニケーションは、原理的にはうまくいくかどうかわからないところがある。メッセージを、相手がこちらの意図どおりに受け取るかどうかはわからない。あらゆるコミュニケーションは、受け手にかかっているのである。受け手の解釈次第なのである。コミュニケーションを完全にコントロールすることなどできはしない。――アレントのいう who の暴露をこのレヴェルにとどめてしまっていいのだろうか。アレントの主張は、単にこうした主張にとどまりはしない。

アレントのいう活動は、他者にたいして活動や言論で who を提示していくことであった。たしかに、アレントの場合も意図どおりに他者をコントロールなどできはしない。その点では、コミュニケーションは受け手の解釈にかかっているという主張と異なる主張ではない。アレントにおける他者の重視ということも、まずはこの点でとらえられるだろう。

アレントによれば、who は本人にもわからないという。――「他人にはこれほどはっきりとまちがいなく現われる『正体』が、本人の眼にはまったく隠されたままになっている」。この点をどう理解すればいいのだろうか――。

さきほどの贈与の場合は、受け取ってもらえない可能性＝危険性はたしかにあるものの、何を贈っているかは、本人にも相手にも明白である。チョコという贈り物をすることによって、告白を、愛を贈りたいのだ。本人と相手のあいだには、この点についての共通の了解があるのである。

アレントのwhoの贈与の場合、贈り物が何なのかが本人にはわかっていない。相手にしかわからない。自分が何を贈ったのか、本人にだけわかっていない。これは、贈与のなかでもきわめて特殊なものではないか。贈り物が何なのかもわかっていないのに、贈る義務がある。もちろん、チョコに相当するのは活動と言論である。しかし、告白=愛に相当するものが何なのか、本人にもわからない。たとえて言えば、チョコを贈りながら、相手がそのチョコに込められたものを何ととらえるか、本人にはまったくわからないということだ。私は、たえず命がけで飛躍するしかない。その意味で、究極の他者任せである。これほどの他者重視の理論構成もないのではないだろうか。

このように、アレントの活動はきわめて特異な概念である。きわめて特異な主張である。とはいえ、人を人たらしめるのはこうした活動によってなのである。活動を離れて人間はありえないともいえる。この点を、アレントは以下のように述べている。

> 言論と活動は、このユニークな差異性を明らかにする。そして、人間は、言論と活動を通じて、互いに「異なるもの」という次元を超えて抜きん出ようとする(distinguish)。つまり言論と活動は、人間が、物理的な対象としてではなく、人間として、相互に現われる様式である。この現われは、単なる肉体的存在と違い、人間が言論と活動によって示す創始(initiative)にか

かっている。しかも、人間である以上やめることができないのが、この創始であり、人間を人間たらしめるのもこの創始である。[中略]言論なき生活、活動なき生活というのは世界から見れば文字通り死んでいる。(HC p.176＝二八七頁、傍点引用者)

人間は、言論と活動においてみずからの who を暴露し、他者に卓越しようとする努力をなさないかぎり、人間とはいえない。その際の鍵となる諸概念が who であり創始であるのだ。ちなみに、この、他者に卓越しようとする努力という側面を強調すれば、ムフのいう「闘技的多元主義」(agonistic pluralism)になるであろう[5]。アレントの政治思想はこうした立場の源流とされている。さきほど贈与論に関連させてとらえておいたように、アレントのいう活動概念の特異さがあるからこそ、「闘技」という文脈で理解可能だと言えよう。闘技にふさわしいのは命がけの飛躍であろう。いずれにせよ、複数の人間のあいだでなされる創始(新しい何かを始めること)から生ずる結果については、行為者みずからはコントロールできない。まさに偶発的で予言不可能なのである(Canovan : viii-ix)。この点を、ヤング＝ブルーエルは「活動はリスクである」と述べている(Young-Bruehl : 88)。ある人の活動は他の人々の活動の織物(web)の一部となる。そして、この織物は行為者たちが舞台から降りるまで、その全体が理解されることはないのだ。このように、聞き手重視、他者重視の理論を展開しているのがアレントなのである。

もうひとつ確認しておかなければならない重要な論点がある。それは、whoを暴露するということは人が他者に現われるということだという点である。活動と言論の空間であるポリスは、アレントによれば、「出現(appearance)の空間」である。

それは、私が他人の眼に現われ(appear)、他人が私の眼に現われる空間であり、人びとが単に他の生物や無生物のように存在するのではなく、その外形(appearance)をはっきり示す空間である。(HC pp.198-9＝三二〇頁)

この現われ／現わされる関係においてこそ、リアリティも確保されるのである。

この空間を奪われることは、リアリティを奪われることに等しい。このリアリティは、人間の次元、政治の次元でいえば、外形と同じものだからである。人間にとって世界のリアリティは、他人の存在によって、つまり他者の存在が万人に現われていることによって保証される。(p.199＝三二〇〜一頁)

ここで、アレントは『ニコマコス倫理学』から引用している。「なぜならば万人に現われているものの、これをわれわれは存在と呼ぶからである」、と[6]。「そしてこの外形を欠いているものはすべて夢のように現われ、消滅するのであって、それがどれだけ親しみ深く、完全に私たち自身のものであろうと、やはりリアリティを欠いているのである」(p.199＝三二一頁)。リアリティ論は前章でもう少し詳しく論じておいたが、ここで確認しておきたいのは、私と他者と現われの三者が密接な関係においてとらえられていることである。

結び —— 他者の社会理論へ

アレントの政治についての思想をみながら、自由の前提となる、自分と同等な他者の存在の重要性を確認したところで、他者の位置についてもう少し考えておこう。アレントをとおして、あるいはアレントのなかでの他者の重要性にこだわることは、どんな理論的意味があるのだろうか。ここで、手がかりにするのは真木悠介の議論である。

真木は『人間解放の理論のために』で、「その世界を生きる、特定の人びとにとってのみ都合のよいような世界としてでなく、その世界を生きるすべての人びとにとって望ましい世界として構想」するという課題に取り組んでいる（真木：一五四）。「すべての人間にとって望ましい世界という理念の要請と、人間たち相互の欲求の背反性という現実の認識とのあいだの矛盾を解決する方式」は、ふたつ考えられる。〈最適社会〉と〈コミューン〉である。〈最適社会〉とは、「欲求の背反性の合理的な調整に志向する型のユートピア」であり、〈コミューン〉とは「欲求の背反性の原理的な否定に志向する型のユートピア」である。「積極的な価値の基軸」という面から言い換えれば、前者は「人間存在の個別性の契機を基軸とする型のユートピア」であり、後者は「人間存在の共同性の契機を基軸とする型のユートピア」である。〈最適社会〉は、『市民社会』の諸原理の理念的に昇華された極限」の像であり、〈コミューン〉は「『共同態』の諸原理の理念的に昇華された極限」の像と言える。ふたつの方式について、真木は以上のように特徴づけている（一五七〜八頁）。

真木によれば、このそれぞれの方式には逆説がともなっている。〈最適社会〉は、〈市民社会〉のモデルを前提するかぎり、「独占支配の貫徹の形態としての、〈管理社会〉の現実」に帰着するし、〈コミューン〉は、〈共同態〉のモデルを前提するかぎり、「『スターリニズム』的な抑圧」に帰着してしまう。これは、ふたつの方式が、「集列的な〈最適社会〉か溶解的な〈コミューン〉か」というかたちで構想されているからだ（一七八〜九頁）。ここで真木は、集列的な〈最適社会〉と溶解的な〈コミューン〉との対をなすふたつの理念を批判し定位するための「積極的な拠点」を探していく。そして、こう述べている。「一見対極をなす発想に共通して前提されているのは、［中略］他者たるかぎりでの他者が、すなわち自己とは厳然として異なった実践主体であるかぎりでの他者が、根底においてたんなる否定的偶然性としてしかとらえられていない。［中略］私自身の生のゆたかな展開にとって、〈他者〉の存在が、内的なかつ積極的な契機としてはとらえられていない」、と。他者が一見積極的に評価されているようにみえる場合でも、「自己の欲求の事物化された対象もしくは手段としてであるか、あるいは逆に、自己自身の共同・存在者としての、いわば分身としてのみ」である。「対象たる〈事物〉もしくは、主体たる〈自己〉自身の規格に他者が吸収され還元されて」いるのである（一八九～九〇頁）。

このあたりで真木の議論とは別れて、われわれの議論の脈絡に真木の論点を取り込むことにしよう[7]。われわれがアレントに注目するのは、真木のことばで言えば、アレント思想のなかには〈他者たるかぎりでの他者〉が明示的なかたちでみられるからである。こうした視点からアレントというひとりの思想家＝他者を、性急に総括などすることなく理解しようというのが、私のアレント論の試みである。社会学の脈絡では、アレントと言えばすぐに「公共性」の議論にひきつけられる。「公共性」こそ、たしかに、集列的な〈最適社会〉と溶解的な〈コミューン〉の対立という地平を逃れようとして到達する概念の候補たりうるかもしれない。ただ、実際には、「公共性」の議論は、公と私の対立を乗り越えようという脈絡で議論される場合が圧倒的に多い。国家と市場、国家と個人といった二項対立を乗り越えていかに「市民社会」を構想するか、といった問題意識である。われわれは、アレントをこうした「公共性」の脈絡でとらえるのではなく、他者の位置づけといった観点から考えていきたいのである。結局は、「公共性」の問題かもしれない。しかし、あくまで他者の位置に焦点を当てたいのだ。あえて言えば、われわれの試みは、「公共性」とは自己と他者とのどのような有り様なのかについて考えることであり、いわゆる「公共性」論の向こう側あるいは手前を考えようとしているのだ。アレントの議論のエッセンスが自由―他者―複数性にあること、そしてこの論点をさらに追究していくことには大いに意義があることを確認して、この章を閉じることにしよう。

［註］

1　たとえば、川崎（2010a）所収の「アレントを導入する」、川崎（2010b）所収の「ハンナ・アレントと現代政治哲学の隘路」などを参照のこと。

2　ちなみに、「私的生活だけを送る人間や、奴隷のように公的領域を樹立しようとさえしない人間は、完全な人間でなかった」（HC p.38＝六〇頁）。私生活を意味するプライバシーとは「なにものかを奪われている（deprived）状態」を意味したのである。

3

それでは、アイヒマンの行為も許されるのだろうか――。アレントは、『イェルサレムのアイヒマン』の最後尾で、アイヒマン裁判の判事に語らせたかった言葉というかたちをとって以下のように述べている。長いがそのまま引用しよう。「ここでわれわれの関心をひくのはもっぱら君のしたことであって、君の内面生活や君の動機は犯罪的な性格を持っていなかったかもしれぬということや、君の周囲の人々の潜在的な犯罪ではない。君は自分の身の上を逆境にあったものとして語ったが、事情を知ったわれわれとしては、もっと順境にあったならば君もわれわれの前に、もしくは他の刑事法廷に引出されるようなことはまずなかったろうと或る点までは認めるに吝かではない。議論を進めるために、君が大量虐殺組織の従順な道具となったのはひとえに君の逆境のためだったと仮定してみよう。その場合にもなお、君が大量虐殺の政策を実行し、それ故積極的に支持したという事実は変らない。というのは、政治とは子供の遊び場ではないからだ。政治においては服従と支持は同じものだ。そしてまさに、ユダヤ民族および他のいくつかの国の国民たちとともにこの地球上に生きることを拒む――あたかも君と君の上官がこの世界に誰が住み誰が住んではならないかを決定する権利を持っているかのように――政治を君が支持し実行したからこそ、何人からも、すなわち人類に属する何ものからも、君とともにこの地球上に生きたいと願うことは期待し得ないとわれわれは思う。これが君が絞首されねばならぬ理由、しかもその唯一の理由である」(EJ pp.278-9＝二一四～五頁、傍点引用者)。たいへん長い引用となったが、アレントによれば、アイヒマンは許されるべきではないのである。アレントは、晩年の『精神の生活』において、思考の欠如と悪の問題との関連を議論していったのは知られていよう。それはともかく、複数性を抹殺し「人間をまったく無用にするシステム」(前出)をつくろうとしたアイヒマンの行為は許しの対象には入れられてはいない。

4　ちなみに、もうひとつ大事なのは、もらった贈り物に対していかに返礼をするかについてである。これは直接アレント論に関係はしないが、少し触れておこう。

贈り物が受け取られて、適度のお返しがなされると、「非競争型の贈与」になる。これが共同体内贈与である。贈与「慣行」になっていく。贈与によって関係＝連帯がつくられたのである。ここには、受け取る義務、返す義務が生じている。そして、私と相手とは、その義務を共有している。その意味で、私と相手とは同じ共同体に属している。ちなみに、義理チョコというのも、こうした、受け取る義務に支えられた慣行と言えよう。

受け取られても、相手が倍にして返す場合もある。たとえば、ポトラッチの場合がそうである。これは、「競争型贈与」である。この場合、「威信を賭けた闘争になり、ついには政治的闘争、権力を形成する闘争になる」（今村：一二六）。

5　ムフは、antagonism を「抗争性そのもの（antagonism proper）」と「闘技性（agonism）」とに二分している。それぞれにみられる関係が異なっているのである。前者にみられるのは「友／敵関係（friend / enemy）」であり、後者にみられるのは「対抗者（adversaries）」のあいだの関係である。ムフによれば、民主主義政治の目的は「抗争性」を「闘技性」へと変換することだとされる。「民主主義政体において対立と衝突は、不完全性の徴であるどころか、民主主義が生きており、多元主義のうちに宿っていることを示している」ととらえるのが、ムフの「シュミットとともに思考することによって、シュミットに抵抗していく」立場なのである（cf. Mouffe 2000）。

6　現われと存在は一致するという論点は、アレントが晩年に取り組み、未完に終わった『精神の生活』（LM p.19＝（上）二三頁）の冒頭で主張される重要な論点である。

7　真木のこの議論は、その後、より発展させられているが(見田 2006を参照のこと)、本章で関心を向けているのはそのベースとなる部分であり、この部分についてはいささかも変更はないと思われる。

［**文献**］

Canovan, M., 1998, “Introduction”, in Arendt, H., 1958, *The Human Condition*【HC】

Curtis, K., 1999, *Our Sense of the Real*, Cornell University Press

今村仁司　2000『交易する人間』講談社

川崎　修　2010a『ハンナ・アレントの政治理論』岩波書店

――――　2010b『ハンナ・アレントと現代思想』岩波書店

真木悠介　1971『人間解放の理論のために』筑摩書房

見田宗介　2006「補　公共圏とルール圏」『社会学入門―人間と社会の未来』所収、岩波新書

Mouffe, C., 2000, *The Democratic Paradox*, Verso＝葛西弘隆訳 2006『民主主義の逆説』以文社

Young-Bruehl, E., 2006, *Why Arendt Matters*, Yale University Press

第3章

趣味判断論

――共通世界と他者

アレントは、カントの『判断力批判』について晩年(一九七〇年)に講義をおこなった。それは、論文にまとめられることなく未完のままであったが、後にその講義ノートが出版された。それが『カント政治哲学の講義』である。そもそも、アレントの判断力論は、これまた死後出版された『精神の生活』の第3部として構想されていたものであった。第1部は思考について、第2部は意志についてであった。第3部は生存中に執筆されることなく、『精神の生活』は未完のままに終わった。とはいえ、『カント政治哲学の講義』の出版によって、『精神の生活』第3部はある程度見通せるようになったと言っていいだろう。

本章の焦点となるのは、アレントがカントの『判断力批判』からいかに学んだかという点である。アレントはカントの『判断力批判』をどのように読み込んだのだろうか。その際にとりわけ注目したいのは、アレントの『判断力批判』読解において他者がどのような位置をもたされているかである。本書第1章において、アレントにとっての、共通世界をともにつくりあげる他者の重要性について確認した。アレント思想においては、他者たるかぎりでの他者がきわめて重要な位置を占めていたのである。

われわれが自由やそれに対立するものを自覚するようになったのは、まず他者との交わりに

> おいてであって、自ら自身との交わりにおいてではなかった。自由は、思考の属性や意志の属性となる前に、自由人の状態、つまり、人びとに移動を可能にさせ、家を後にして世界のなかに入り、行ないや言葉において他者と出会うのを可能にさせる状態として理解された。この自由には明らかに解放が先だっていた。自由であるためには、人は、生命の必要から自ら自身を解放していなければならない。しかし、自由であるという状態は解放の作用から自動的に帰結するものではない。自由は、たんなる解放に加えて、同じ状態にいる他者と共にあることを必要とし、さらに、他者と出会うための共通の公的空間、いいかえれば、自由人誰もが言葉と行ないによって立ち現われうる政治的に組織された世界を必要とした。(BPF p.147＝二〇〇頁、傍点引用者)

ここには、古代ギリシアの市民と奴隷の区別が関わっている。生命の必要から解放されている市民は、家庭の外の公的領域で同じ市民と語りあうのである。ここでは古代ギリシアの例がわれわれにとって規範となっているが、それは、「人びとがその後にも先にも、政治的な活動様式をこれほど高く評価し、またその領域にこれほどの尊厳を与えたためしはなかったからである」(p.153＝二〇八頁)。ポリスにおいては、他者がきわめて重要なのである。

本章では、アレントにおける他者の重要性というこの論点をさらに追究していくことになる。指摘されるのは、観客・観察者・注視者・聞き手の存在の重要性という論点である。

1　芸術と政治

まずは、『カント政治哲学の講義』ではなく、生前に出版された『過去と未来の間』所収の「文化の危機」論文(一九六〇年)にそってアレントの主張をみていくことにしよう。アレントはこの論文で、大衆社会における文化の危機を危惧し、文化と政治との関連について論じている。なぜ危機かと言えば、大衆文化は、文化とは区別されるべき娯楽と化してしまっているからである(BPF p.202＝二七六頁)。アレントによれば、娯楽は社会の生命過程に仕えるものである(p.204＝二七九頁)。ちなみに、「私的生活だけを送る人間や、奴隷のように公的領域を樹立しようとさえしない人間、あるいは野蛮人のように公的領域を樹立しようとさえしない人間は、完全な人間でなかった」(HC p.38＝六〇頁)。私生活を意味するプライバシーとは「なにものかを奪われている(deprived)状態」を意味したのである。公的領域あるいは公共性あるいは政治をそもそも担保可能にする前提条件とされていたものこそ、人が生命の必要から解放されていることであった。社会の生命過程からの解放は、アレント思想の要諦なのである。この点は、本章での議論の前提としておさえておかなければならない。いずれにせよ、アレントは、文化の危機を論じながら、文化と政治の関係について検討していくわけである。その議論の道筋についてあらかじめ見通しを立てておくことにしよう。アレントの文化をめぐる議論の出発点は芸術であって、この芸術の生産物について考えていきながら、政治との共通性が見出されていく。その手がかりとされているのが『判断力批判』である。政治と文化の共通性というこの論点の核となるのが他者の存在の重要性である、というのが本章でとりわけ強調したい点である。本書のアレント論は、他者の重要性というテーマを中心にして展開されている。

アレントは、パンと娯楽(サーカス)は、生命の維持と回復のために必要なものという点で、同じものであるという。これが文化の危機をもたらしているのだ。

> 新鮮さと目新しさがこれらを判断すべき基準であり、目下、どのくらいこの基準によって、文化的・芸術的対象、すなわちわれわれが去った後も世界に存続すると考えられるものまでもが判断されているかは、娯楽の必要がどの程度まで文化世界を脅かし始めているかをはっきりと示している。(BPF p.203＝二七七頁、傍点引用者)

過去や現在が生み出した世界性をもつ(worldly)対象や事物が社会の生命過程のたんなる機能として扱われるとき、文化は脅威にさらされるのである。(pp.204-205＝二八〇頁、傍点引用者)

本来、世界性をもっているはずの文化的事物が、社会の生命過程に仕えてしまい、新鮮さと目新しさによって判断されるところとなったとき、文化の危機がもたらされるわけである。

耐久性という観点だけをとれば、芸術作品は明らかに他のあらゆる事物を凌駕している。芸術作品は他の何にもまして世界のなかに永くとどまる以上、一切の事物のうちでも最高の世界性を具えている。さらに芸術作品は、社会の生命過程のなかでいかなる機能も果たさない唯一の事物である。厳密にいえば、芸術作品は人間のためにではなく、死すべきものの寿命や世代の流転を超えて存続すべき世界のために制作される。それは消費財のように消費されたり、使用対象のように使い果たされたりしないだけでなく、消費や使用の過程から意図的に遠ざけられ、人間の生命という必然性の領域から切り離されている。この分離の仕方は多岐多様であろうが、この分離が為されるところにのみ、文化はその固有の意味で現実に存在するのである。(p.206＝二八二頁、傍点引用者)

芸術作品は、娯楽とは対照的であって、耐久性・永続性をもつ。本書第1章においても確認したように、この耐久性・永続性こそが世界性を特徴づけるものにほかならない。芸術作品は世界・世界性との関連で理解されるのである。世界・世界性は、社会の生命過程、必然性の領域に抵抗できるかぎりで確保される。アレントから重ねて引いておこう――。

この地上の故郷が語に固有の意味で世界となるのは、制作物の総体が、その世界に住まう人びとの消費の生命過程(consuming life process)に抵抗しうるように、したがってかれらを超えて存続するように組織されるときだけである。われわれは、この存続が保証されている場合にのみ文化という言葉を語るのであり、一切の功利主義的、機能的な連関から独立に存在し、その性質がつねに同一である事物に向き合う場合にのみ、芸術作品という言葉を口にするのである。(p.206＝二八三頁、傍点引用者)

かくして、アレントにおいては、文化を論ずるにあたって芸術の現象が出発点にされるのである。ただし、文化と芸術は同一ではない。芸術ということをもう少し細かくみていかなければならないのだ。これまで論じてきたのも、じつは芸術の現象全般ではなく、芸術の生産物、芸術作品ではなかっただろうか。ギリシアでは、芸術職人や工人に不信感がもたれていたという。それはなぜなのか、ということが大事である。

芸術家に対する不信と現に示された軽蔑は政治的な考慮から生じている。事物の制作は、芸術の生産も含めて、政治的な活動様式の範囲のなかにはなく、むしろそれどころか政治的な活動様式に対立してさえいる。(p.212＝二九一頁)

芸術の制作、ひいては事物の制作一般は、なぜ「政治的」ではないのか、なぜ「政治的」ということと対立さえしているのか。アレントによれば、ギリシアで、芸術職人や工人に不信感がもたれたのは、「制作というものが本性そのものからして功利主義的だからである」(p.212＝二九一頁)。制作が、手段―目的のカテゴリーで正当化されるからである。一方、行為や言論、すなわちアレントのいう活動は、目的のための単なる手段であってはならない。芸術職人や工人は「バナウソス」的精神のもち主、つまり俗物とされている。そして、このバナウソス的な心性は、政治の領域だけでなく文化的領域も脅かすだろう。

> なぜなら、俗物主義は、事物が事物としてもつ価値の下落をもたらすからである。すなわち、事物を生み出した心性の拡張が許容されるとしたら、事物はまたもや効用の基準に従って判断されるようになり、それによって、事物本来の独立した価値が奪われ、最終的にはたんなる手段の地位に堕してしまうからである。いいかえれば、完成した作品の存立に対する最大の脅威は、まさにそれを生み出した心性からやってくる。ここから結論としていえるのは、われわれを取り囲む事物の世界を打ち立て、建設し、装飾する際に否応なく支配的たらざるをえない基準や規則は、それらが完成した世界そのものに適用されるときには、妥当性を失うばかりか、はなはだ危険なものに転化するということである。(p.213＝二九二頁)

文化について論じる出発点が芸術の現象だとされていたように、芸術が全否定されるわけではけっしてない。アレントは、芸術の制作とその生産物とを区別して後者に焦点を絞っていくのである。

　政治の「生産物」すなわち言葉や行ないと同じく、明らかに芸術の生産物も、現われかつ見られることのできる一定の公的空間を必要とする。それらは、すべての人に共通の空間のうちでのみ、それ自身の存在、すなわち現われである存在を充たすことができる。芸術対象は、私的生活や私的所有に秘匿される場合にはそれ自身に内在する妥当性を獲得しえず、むしろ反対に、個人の専有から保護されねばならない。(pp. 214–215＝二九五頁、傍点引用者)

アレントは政治理論家、政治学者であるから、政治について論じるのは当然であるが、興味深いのは、アレントが芸術を素材としながら政治を論じていることだ。この引用にうかがえるように、芸術の現象全般が念頭におかれているのではないことを忘れてはならないが、芸術と政治は、公的世界の現象だという点で共通だというのがアレントの主張である。

2　趣味判断、他者の現前、共通世界

アレントは、芸術のなかに何をみているだろうか、また公的世界との関連をどのようにみているだろうか。詳しくみていくことにしよう。

政治的経験、つまりそのまま放置すれば世界に何の痕跡も残さずに去来する活動様式に較べれば、美は不滅性の明示そのものである。言葉や行ないの束の間の偉大さは、美がそれに付与されるかぎりでのみ、世界のなかで時の移り変わりに耐えることができる。美なくしては、すなわち、潜在的な不死性を人間世界のなかで明示する輝かしい栄光なしには、人間の生全体が不毛であろうし、どのような偉大さも時の移り変わりに耐えることはできないだろう。(BPF p.215＝二九五頁)

アレントによれば、現われの世界の評価の基準は美である。この美について、カント読解を踏まえつついかなる議論が展開されているか、これがポイントとなる。

芸術作品は現われを唯一の目的としてつくられた。そして、現われを判断する基準は美である(p.207, p.215＝二八三、二九六頁)。この「美への能動的な愛」こそ、アレントが「趣味」と呼ぶものである(p.216＝二九六頁)。そして、この趣味をとらえるために援用されるのが、カントの『判断力批判』にほかならない。アレントは、ここで、「判断力がたんなる理論的な活動様式というよりも政治的な活動様式をうちに含んでいること」を主張しようとするのである(p.216＝二九七頁)。

それにしてもなぜ『判断力批判』なのか。政治哲学的要素の強いのは『実践理性批判』の方ではないのか。こうした点について、アレントは以下のように述べている――。「汝の行為の原理が普遍的な法となりうるようにつねに行為せよ」という定言命法の立法原理は、「自らに一致して思考する理性の必然性」に立脚するものだ。この自己一致の原理を発見したのはソクラテスである。ソクラテスは、「一者であるわたしが、わたし自身と不調和であり、自分に矛盾したことをいうくらいなら、世の大多数がわたしに同意しないで反対しているほうがまだましなのだ」と述べていたのである(p.216＝二九七頁)。『判断力批判』には『実践理性批判』とは異なった思考様式が述べられている。この思考様式においては自己一致の原理だけでは十分ではない。カントが「拡大された心性(enlarged mentality)[1]」と呼んだ、「他のあらゆる人の立場で思考する」ことが必要なのである。判断力は、「他者との潜在的な合意」にかかっているのだ。

> この拡大された心性は、判断力としてそれ自身の個人的な限界を乗り超えるすべを心得ているが、他方それは、厳密な孤立や孤独のなかでははたらきえない。つまりそれは「その人の立場で」思考しなければならぬ他者の現前を必要とする。拡大された心性は、そのような他者のパースペクティヴを考慮に入れなければならず、他者を欠いてははたらくべき機会をけっしてもちえない。[中略]判断力は、それが妥当するために他者の現前に依存する。(p.217＝二九八頁、

傍点引用者）

「拡大された心性」にとっては「他者の現前」が不可欠なのである。本書第1章でも確認したように、アレントにとって、複数性(plurality)は「地上の法則(the law of the earth)」(LM p.19＝(上)二四頁)であった。全体主義的支配においては、この複数性が否定され、人間は単一の人間になってしまった。複数性は人間であることと同義なのだ。『判断力批判』にみられるのもこの複数性という論点だとアレントは言うのである。複数性とは、他者たるかぎりでの他者がけっして私に同化＝回収されないということだと言っていいだろう。

この「拡大された心性」に関しては、もうひとつおさえておくべき論点がある。それは、「共通感覚(common sense)」という概念である。これもカントの概念である。アレントによれば、カントのいう共通感覚は、すべての人間に共通した感覚ではなく、「わたしたちが他人とともに共同体のうちで生活できるようにする感覚であり、共同体の一員としてわたしたちが自分の五感を使って他者と意志の伝達が行えるようにするもの」である(RJ p.139＝一六三頁)。

「道徳哲学のいくつかの問題」(一九六五年)という論文においても、この辺のことは触れられているところである——。

> 道徳的な行動では他者に気を配る必要はありません。わたしたちは他者の態度を考慮に入れる必要がないからです。そしてわたしたちの行動は、道徳の法則と意志の善良さに基づいて行われるのであり、自分の行動の結果も考慮に入れないからです。しかし趣味の判断においては、「みずからの自己と対立しているくらいなら、世界の全体と対立しているほうがましだ」というソクラテス的な見解は、その妥当性をかなり失うとカントは考えるのです。趣味の問題については、わたしは世界の多くの人々と意見が一致しないことはあるとしても、世界の全体と対立していることはできないのです。(p.142＝一六六頁、傍点引用者)

「世界の全体と対立していることができない」のが趣味の領域なのである。これは、たいへん意外なことではないだろうか。

この利己心の放棄が、カントの道徳哲学の文脈においてではなく、このたんなる美的な判断において明記されているのは、きわめて興味深いことです。その理由は共通感覚にあります。わたしたちが共同体の一員となる感覚である共通感覚が判断の〈母〉だとすると、道徳的な問題だけでなく、絵画や詩の作品すらも、他者の判断を考慮し、暗黙のうちに秤量しなければ判断できないということになります。(pp.141-2＝一六五～一六六頁、傍点引用者)

アレントによれば、『判断力批判』の「驚くべき斬新さ」は以下の点にある。

カントが他者との世界の共有という現象をそのすべての偉容において発見したのは、まさに趣味の現象、つまり、美的＝感性的な事柄にのみ関わるがゆえに、理性の管轄範囲はもとより政治の領域の外部にあるとつねに見なされてきた判断の一つにすぎないものを検討していたときであった。(BPF p.218＝三〇〇頁、傍点引用者)

カントはいわば、人間の生活において道徳とかけはなれているようにみえる趣味の領域で、道徳的にみて重要な問題を発見したわけですが、それはカントが共同体で生活する複数の人間を考慮にいれたのが、この領域だけだったからです。(RJ p.142＝一六六頁、傍点引用者)

カントの『判断力批判』はアレントにとっていかなる位置を占めているのか。この点について、ヴィラは次のように述べている。「アレントが第三批判のうちに『書かれなかった政治哲学』を求めるのは、カントが『美的判断のなかに新しい道徳的、政治的理論』を求めたからではなく、美的判断の世界が公開性の世界、つまり政治の世界でもあるからだ」(Villa：一〇六)。ヴィラのこの主張は、ポイントをうまく突いていると言えよう。

アレントの理解によれば、カントは「美のもつ公的な性質」をよく認識していた(BPF p.218＝三〇〇頁)。ちなみに、「教養」「共通感覚」「判断力」「趣味」という四つの概念を人文主義の伝統から取り出し復権させようと試みているガダマーは、この文脈で、カントの『判断力批判』が、判断力を個人による美の判断に封じ込め、「共通感覚」の思想を道徳哲学から追放したことを批判している(Gadamer：四三〜四九；苅部：九五参照)。ところが、ガダマーの主張とは逆に、アレントは、『判断力批判』は趣味判断の公的性質をとらえており、まさにカントの政治哲学とみなされると主張していたのだ。趣味判断のこの公的な性質について、さらに深めていこう。

趣味は、他の判断と同様、共通感覚に訴えるかぎりで「私的感情」のまさに対極をなす。政治的判断に劣らず美的判断においても何らかの決定が下される。たしかに、この決定はつねに一定の主観性によって、つまり誰もがそこから世界を眺め判断する自分自身の位置をもつという単純な事実によって規定されている。しかし、この決定は同時に、世界そのものは、客観的な与件すなわちそこに住まうすべての者に共通のものである、という事実を拠りどころとするのである。趣味という活動様式は、この世界が、その効用とかそれにわれわれが抱く重大な利害関心から切り離して、どのように見られ聞かれるべきか、人びとが今後世界のうちで何を見、何を聞くかを決定する。趣味は、世界をその現われと世界性において判断する。趣味が世界に抱く関心は純粋に「利害関心なき」ものであるが、これは、趣味のうちには生命への個人の関心も道徳への自己の関心も含まれないことを意味する。趣味判断にとっては、世界こそが第一のものであって、人間、つまり人間の生命あるいは人間の自己は第一のものではないのである。(BPF p.219＝三〇〇～一頁、傍点引用者)

ここには、アレント趣味判断論のエッセンスが詰まっている。趣味の領域では、人々に共通の世界が前提となる。この共通世界を、われわれは利害関心のない関心をもって判断する。さきにみた「共通感覚」がそなわっているからこそわれわれは共同体の一員であるし(RJ p.140＝一六四頁)、われわれの五感も「われわれが他者と共有し分かち合う非主観的で『客観的』な世界」に適合しうるのである(BPF p.218＝二九九頁)。

このようにみていくと、趣味判断について常識的に抱かれているところとは相当に異なった地点に運ばれていく。趣味判断が一般に恣意的だとみなされているのは、趣味判断が合意を強制しないからである(p.219＝三〇一頁)。ところが、アレントによれば、趣味判断は、むしろ政治的意見と同じように、「説得を試みる」という性格をもっているのである。

カントがこの上なく見事に描き出したように、判断する者は、最終的には他者との合意に達する望みを抱きながら、ただ「あらゆる他者の同意を請い求める」ことができるだけである。(p.219＝三〇一頁)

この「請い求め」は、ギリシア人が「ペイテイン」と呼んだものであり、要するに「説得」である。「他者を納得させ説得する言論」は典型的に政治的な形式である。説得からは物理的な暴力は排除されている。また、説得は真理による強制とも異なる。「認識や真理の発見に関わり、それゆえ強制的な証明過程を要求する」哲学の言論の形式ではないのである。この点で、判断力のもっている妥当性はけっして普遍的ではない。判断力は他者の現前を必要としていたことが想起されるべきである。

その妥当性の要求は、判断する者が自らの考慮にあたってその人の立場に身を置き入れた他者を超えては拡張できない。カントによれば、判断力は「単独に判断する各人」に妥当するが、この句で強調されるのは「判断する」であって、判断しない人びと、いいかえれば判断の対象がそこに現われる公的領域の一員ではない人びとには妥当しないのである。(p.217＝二九九頁)

文化においては、そしてまた政治においては、「認識や真理」が問題になるのではなく、「公的世界の領域や共通世界についての賢明な意見交換と、今後世界はどのように見られるべきか、どのような類の事物がそこに現われるべきか、同様にそこでどのような行為の様式がとられるべきかの決定」という「判断と決定」が問題なのである(pp.219–220＝三〇二頁、傍点引用者)。アレントにとっては、判断することは、他者との世界の共有を可能にすることにほかならなかったのだ(p.218＝二九九頁、傍点引用者)。

これが美しいと判断した人は、ほかの人々を考慮にいれたうえで、他者の同意を求めているのであり、自分の判断がある程度の一般的な(普遍的なものではないかもしれませんが)妥当性をえ

られると期待しているのです。(RJ p.140＝一六四頁、傍点引用者)

これに関して、アレントはわかりやすい説明をしてくれている。私にとってポトフはおいしい料理だが、ほかの人にはおいしくないかもしれない。これは、単に快いかどうかの判断である。これが美しいかどうかという判断は、これが自分にとって快いという判断とはまったく違うのである(p.140＝一六四頁)。さきの引用にみられるように、ここでは、普遍的＝客観的な妥当性とは異なった妥当性の規準が問題になっているのである(齋藤 2000：五一〜二参照)。

趣味判断においては、「適用できる決まった規則や基準が存在していない」(RJ p.138＝一六一頁)。アレントの判断力論は、一般的規則が個別の事例に適用されるのではなく、「『一般的なもの』は個別的なもののうちに含まれている」ケースを扱っていたのである。これについて、アレントは次のように説明している。

誰も〈美〉(Beauty)を定義することはできません。私がこの特定のチューリップが美しいと語るとき、すべてのチューリップは美しい、だからこのチューリップも美しいという意味ではありません。またすべての対象に該当する美の概念を適用しているわけでもありません。〈美〉とは一般的なものですが、私が〈美〉を理解するのは、個別的なもののうちにそれを見いだし、それと直面するときなのです。(p.138＝一六一～六二頁)

個別的なもののうちに含まれている一般的なものを見いだし、それを他者に説得するのが判断なのである。アレントの判断力論が解明しようとしたのは、判断の妥当性がいかにして得られるのか、というテーマだったのである。

3　観客の複数性

アレントの判断論を紹介するにあたって、ここでは基本的に、「文化の危機」論文を中心にみてきた。ところで、ここには厄介な問題が絡んでくる。というのは、『カント政治哲学の講義』を編集したR・ベイナーによれば、アレントには、異なったふたつの判断力論があるというのである。時期的に言えば一九七〇年代初頭が境目とされる。「文化の危機」論文は前期、『カント政治哲学の講義』は後期になる。後期には、判断力は精神生活の観点から考察されるようになり、「代表的思考」と「拡大された心性」から「注視者精神」と「回想的判断力」へと力点が移ったという(Beiner : 91 = 一三七)。判断力の能力は、行為者ではなく「孤独な(だが公共的精神をもつ)観想者の特権」とみなされるようになった(p.92 = 一三八〜九頁)。「人は他者と共に行為するが、人は一人で判断する」というわけである(p.92 = 一三九頁)。このように、初期にみられた立場からの議論、すなわち「公共的空間で協力して行為する行為者の複数性という、政治的活動の着想」を一層根拠づけるための議論は放棄された、というのがベイナーの主張である(p.93 = 一三九頁)。

ベイナーは、判断力が活動的生活に関与するのか、精神的活動として観想的生活に限定されるのかという点を問題にしているのだ(p.139 = 二一〇頁)。前者であれば、判断力は、「共通の熟慮に従事する間に公共的に意見をやりとりする、政治的行為者の代表的思考と拡大された心性の機能」とみなされることになるし、後者であれば、「回想的に機能する判断力の観想的で没利害的な次元を強調」することになる。そして、ベイナーの解釈では、アレントは最終的に後者の立場を選択したという。アレントのこの選択について、ベイナーは批判的であるようだ。――「しかしそれは、判断力の修正された概念の内で、活動的生活への一切の関わりを締め出すという犠牲を払って得られた、無理な整合性である」(p.139 = 二一〇頁)、と。

ベイナーの立場は、判断力についてのアレントの見解は前期と後期で完全に異なっている、とみるものであった。アレントの判断力論は、ベイナーの分類と整理に従うかぎり、前期のとらえ方の方がやはり魅力的なように思われる。この点では、ベイナーのさきほどの批判的言明に与したい。しかし、前期と後期の立場はまったく異質なものと言えるのだろうか。この点について、少し考えておきたい[2]。

政治的行為者の理論におけるキータームであった複数性は、観客についても当てはまるだろう。〈観客の複数性〉ということである。興味深いアレント論を展開しているJ・クリステヴァの解釈もこの立場である。「俳優は一つの役を演じるために、それにこだわらなくてはならない。観客(spectateurs)のみが、舞台全体を見ることができる。また、彼らは原理上公平である。というのもどのような役割も割り当てられていないからだ。結果として、俳優にとっては、ドクサすなわち世論——『どのように他人に現れているか』——が、第一のものである。観客は公共領域を形作る。すなわち、一方で彼らはつねに複数である。なぜなら、一人の観客の経験は他の観客の経験によって有効だと認められねばならず、こうして『私的感覚』(『論理的エゴイズム』とも呼ばれる)に対立する『共通感覚[＝常識]』が形成されるからだ。他方で、彼らなしでは、美しいオブジェは現れることができない。それは、観客と批評家の判断によって創り出されるのである」(Kristeva : 346–7＝二九六〜七、傍点引用者)。このように、クリステヴァは、〈観客の複数性〉を指摘している。言ってみれば、観客論にも政治的行為者論と同様のロジックが適用されているのである。アレント自身、『カント政治哲学の講義』において次のように述べている。

> 美的対象の現存にとっての不可欠条件は、伝達可能性である。つまり、鑑賞者〔注視者〕(spectator)の判断力が、それを欠いてはいかなる美的対象も全く現象できなくなるような空間を作り出すのである。公共的領域は演技者と制作者によってではなく、批評家と鑑賞者〔注視者〕によって構成される。〔中略〕芸術家の真の独創性(または演技者の真の斬新さ)は、自分を芸術家(または演技者)でない者に理解させることに係っている。また、天才についてはその独創性の故に単数で語ることができるが、ピュタゴラスがそうしたように、同様に鑑賞者について単数で語ることはできない。鑑賞者はもっぱら複数で存在する。鑑賞者は演技に巻きこまれはしないが、常に仲間の鑑賞者たちを伴う。鑑賞者は、天才の能力である独創性を制作者と共有することがなく、また斬新さをもたらす能力を演技者と共有することもない。鑑賞者たちが共通にもつ能力は、判定の能力である。(LKPP p.63＝九五〜九六頁、傍点引用者)

アレントにあっては、観客はベイナーのみる、公共的精神をそなえた孤独な観想者ではないのではないか。本章では『精神の生活』については十分に論及できないと述べたが、一ヶ所だけ引用しておこう。そこでも、「自分の仲間との付き合いをやめ、自分たちの不確かな意見、せいぜい、〈私にはこう見える〉というのを表現することができるにすぎないドクサイを捨てて〝観想的生活〟を始める」哲学者との対比において、観客が位置づけられている。「観客(spectator)の判定というのは、公正で利益や名声からは離れているけれど、他者の見解から自由だというわけではない、――反対に、カントによれば、『拡大された心性』は他者の見解を考慮に入れなければならないのである。観客〔観察者〕は俳優〔行為者〕の個別性からは免れているが一人で孤立しているわけではない。観客は、哲学者が思考においてまねようと努めている『最高の神』のように自己充足的ではない」、と(LM p.94＝(上)一一一頁、傍点引用者)。このようにみていくと、ベイナーのように、必ずしも後期は前期の議論とは異なっていると見る必要はないのではないだろうか。

さらにポイントとなるように思われるのは、さきのクリステヴァによる、「彼ら〔＝観客〕なしでは、美しいオブジェは現れることができない。それは、観客と批評家の判断によって創り出される」という指摘である。これが意味しているのは観客の重要性ということである。なぜこういう言い方がされるかといえば、一般には、まず美しいオブジェがあることが前提であって、そしてそのうえで鑑賞者が存在する必要がある、というようなとらえ方がなされるからである。そうではなく、鑑賞者こそが第一義的だということの主張なのである。とはいえ、俳優／観客の関係の重要性こそが第一義的なのではないだろうか。そのうえで、観客の方がより重要である、ということだろう。この関係を離れて観客の重要性をとらえても意味はないのだ。もちろん、これはアレント自身の主張でもある。

我々は、ある光景(spectacle)に判断を下すためにはまず自分がその光景に立ち会わねばならない、すなわち、注視者(spectator)は行為者にとって二次的である、という風に考えがちである。また、注視者が注目していることを確かめずには、誰も決して本気である光景を演じはしない、ということを我々は忘れがちである。カントは、人間なき世界は砂漠であろう、と確信していた。カントにとって人間なき世界とは、注視者のいない世界を意味する。(LKPP pp.61–62＝九三頁、傍点引用者)

アレントのこの発言にもみられるように、行為者・俳優―注視者・観客という関係が基本にある。この関係を離れた議論がなされているわけではない。行為者・俳優―注視者・観客という緊張関係を離れて注視者・観客に焦点が当てられるとき、注視者論は〈客観的観察者〉論になってしまう。ここで〈客観的観察者〉というのは、裸の眼をもって自然現象に向かう科学者という（通俗的な）イメージでとらえられた観察者像である。このとき、対象と観察者との緊張関係は失われている。ベイナーの眼をとおした、アレントの第二の、後期の判断力論においては、注視者はこうした〈客観的観察者〉になってしまっているのではないか。ベイナーによる注視者論はきわめて静的なものとなっているのだ。われわれが主張しようとしているのは、行為者・俳優—注視者・観客という関係を離れてしまってはならないということである。しかも、すでにみたように、この観客は複数として存在していたのである。ベイナーは、自身がつくりあげた、痩せこけたアレント像を批判しているにすぎないのではないか。

それに、聞き手・観客が重視されているという点では、アレントは初期から一貫していたのではないだろうか。そもそも、行為者の who は他者に現れたのである。この現れなしに人間は人間ではありえなかった。アレントが理想視していると批判されるポリスはいかなる場所であったか。——「ポリスというのは、ある一定の物理的場所を占める都市＝国家ではない。むしろ、それは、共に活動し、共に語ることから生まれる人びとの組織である。そして、このポリスの真の空間は、共に行動し、共に語るというこの目的のために共生する人びとの間に生まれる」ものであった（HC p.198＝三二〇頁）。この、語り手／聞き手、行為者／観客という関係でとらえるスタンスは、最後まで失われることはなかったのではないか。さきほどの、「人間なき世界とは、注視者のいない世界を意味する」という論点は、まさにこのことを意味している。

クリステヴァが、アレントの主張を〈生はナラティブである〉ととらえているのも、こうした関係が基礎にあるからにほかならない。ちなみに、〈生はナラティブである〉というのは、クリステヴァのアレント論の英訳版につけられたタイトルである。〈生はナラティブである〉というのはアレント思想のエッセンスである。クリステヴァは、「要するに、自分の人生を語ることが、人生に意味を与えるために必要不可欠な行為だというのである」としている(Kristeva : 120＝九五頁)。「われわれは、いかにその武勲が英雄的であったとしても、行為者自身が、行為者だけで、素晴らしい活動を構成するわけではないことを認める。活動がすばらしいものになるのは、それが記憶すべきものになった時だけである。では、記憶はどこにあるのか。歴史＝物語を『完成する』のは観客であり、そしてそれは、行為のあとに続く思考のおかげである。つまり、完成は回想を介して実現されるのであり、回想がなければ、たんに語るべきことは何もないだけである。ポリスを記憶および／あるいは歴史(の数々)の創造的な組織にしているのは、行為者＝演者ではなく、思考し、回想できる場合の観客なのである」(pp.124–125＝九八～九頁)。ここでクリステヴァが述べているのは、アレントのなかにみられる、行為者／観客という関係のなかでの観客の重要性ということである。

観客の重要性は他者の重要性ということにほかならない。そして、この他者重視という論点は、社会学の思考方法にきわめて馴染みやすいものではないだろうか。たとえば、相互作用やコミュニケーションを考えてみても、受け手がどういうとらえ方をするか、どういうリアクションをするかということに注目するのが、社会学の思考方法と言えるのではないか。その意味で、アレントの思想はきわめて社会学的だと考えられるのである。もちろん、他者の反応を重視するということと、他者たるかぎりでの他者をとらえていること、言い換えれば自己に回収されない他者をとらえていることとは、必ずしも同じではない。私がアレントに注目しているのは、後者の論点との関連においてである。であるからこそ、アレントを複数性に焦点をあててとらえようとしているのである。

4　〈物語ることとしての生〉

観客・観察者・注視者・聞き手がそばにいてはじめてわれわれの生は人間的な生となる。——これがアレントの主張である。この論点を〈物語ることとしての生〉と呼んでおこう。さきにみた〈生はナラティブである〉というフレーズが意味するところと異なるものではない。この論点は、本章で扱っているアレントの趣味判断論だけにかかわるものではない。われわれは、これまで、アレント思想のエッセンスをさぐるために、「友愛と共通世界」(第1章)、「自由と他者」(第2章)、「趣味判断と共通世界」(本章)といったトピックスを検討してきた。アレントが絶えず関心をもってきたのは、人と人との関係、人と世界との関係、他者の現前、共通世界などであった。そして、いずれのトピックスからも、アレントが見据えているのは、結局、いかに生きるかということではなかったか、ということがみえてくるように思われるのである。アレント思想のエッセンスをひとことで言えば、〈物語ることとしての生〉の主張だと言えるのではないだろうか。本章の文脈に限定されはしない、この論点の一般的な意義について、少しみておこう。その際、教養を政治的判断力としてとらえようとする苅部直の議論を手がかりとしてみたい。

なぜ、苅部の議論が手がかりになるのか――。苅部は、教養を政治的判断力としてとらえなおそうとする。すなわち、「社会の中で、他人との関係の中に生きていくための知恵は、その人一人の生を支えるだけでない。そうした知恵を、他者とのかかわりを通じて、伝えあい、更新してゆくことが、ひいては秩序の全体を支えることになる」という意味での「政治的」な判断力としてである(苅部：一二三)。これこそ、現代に求められている教養なのである、と。

苅部は、ヨーロッパの歴史のなかにフンボルト流の、「古典学習を通じての内面の陶冶」に重きをおいた教養とは別の系譜を見出している。それは、「実践学の系譜」であって、古代ギリシアのパイデイア、中世の自由学芸七科、ルネサンスの人文主義に至る系譜である。これは、「内面の人格修練のみにとどまらず、社会生活における実践も含めて、全体から人間を育てあげる営み」を教養としてとらえようとする(九二~三頁)[3]。三木清もこの系譜に位置づけられている。一九三〇年代半ばの「教養論」ブームを、三木は、知識人の「現実回避」の表われにすぎず、「大衆の原始的な政治的関心を知性的にする」という本来の任務を棚あげにしていると批判していた。苅部によれば、三木はそれにたいして「政治的教養」を主張した(七三~八七頁)。

アレントもまた、苅部が見出した「実践学の系譜」につらなると言っていいだろう。苅部と同様、アレントも、アリストテレスをしばしば援用している。苅部の言う判断力、政治的判断力は、われわれがアレントを通して論じてきたものと異なりはしない。というのも、アレントをとおしてわれわれがみてきたものは、他者との関わりのなかでいかに世界をともに支え、リアリティを維持していくかということなのである。それを〈教養〉と言おうが〈政治的判断力〉と言おうが、変わりはない。個人化のすすんでいる現代、他者とともにつくる世界ということがみえなくなってしまっている現代に、アレントは改めて見直されなければならないのではないだろうか。こうした文脈で、アレントの現代的意義が再確認されるのではないだろうか。

結び

本書第1、2章で、アレントのなかに、私と他者たるかぎりでの他者との関係のありようについての思想をみてきた。アレント思想は、私には同化・回収できない他者についての思想なのであった。私と他者とがともに共通世界をつくっているのである。共通世界は、これについて語り、耳を傾ける複数の人間がいてはじめて維持される。語り手がいて聞き手がいる。こうした人間の複数性があってはじめて、共通世界の共通性がでてくる。そしてまた、人間の複数性は維持されていく。なぜならば、共通世界によって人と人のあいだは分離されると同時に関係づけられるのである。アレントは、人間の複数性に立脚した思想家なのである。人間の複数性は、アレントにとってまさに「地上の法則」であった。この論点を、本書第1、2章では「友愛と共通世界」「自由と他者」をテーマにして論じたのだし、本章では「趣味判断と共通世界」をテーマにして論じたのであった。趣味判断論をテーマにした本章でとりわけ強調したのは、観客の重要性という論点である。観客の重要性ということは他者の重要性ということであった。アレントはここでも他者の重要性を論じているのである。

本章の議論を、アレントに即してではなく、より社会学的な、あるいはより一般的なテーマとして位置づけなおせば、それは、共同性（体）と他者との関係ということになろう。アレントがみていたのは、そしてアレントをとおして本章がとらえようとしたのは、共同体でありながらかつ他者を組み入れるのはいかにして可能なのか、他者から成る共同体はいかなるものなのか、という問題であったといえよう。ハバーマスの言葉を踏まえて齋藤純一が用いている言葉で言えば「差異に対してセンシティブな包摂」（齋藤2008：三八）ということである。もちろん、アレントをとらえるにあたって「共同性」「共同体」というタームにこだわる必要はなく、「公共性」というタームを使えばいいのだろうが、公共性あるいは公的領域にあっていかに共同的なるものがつくりだされるかというテーマ、本章の文脈で言えば「他者との世界の共有」というテーマがアレント思想の真髄であったことを、とらえ損なってはならないだろう。

［註］

1　このタームについては、他に「視野の広い思考様式」「より包括的な考え方」などが流通しているが、本章では「拡大された心性」で統一しておく。

2　判断力論が、アレント晩年の未完の大作『精神の生活』の第3部として構想されたものであることからするならば、判断力論についての検討は、「思考」(第1部)や「意志」(第2部)との関連でなされなければならないだろう。しかし、こうした検討に着手できるだけの準備が筆者にはまだできていない。したがって、ここでのベイナーの議論についての批判的な検討も十分なものではないことはあらかじめ断っておかなければならない。

3 太田秀通も『ポリスの市民生活』で同じような主張をしている。ポリス共同体の成員は、人生の万般について理解しなければならず、国政全体について判断する能力をもたなければならなかったという(太田：三四四)。太田によれば、ポリスの市民は、「ポリスの意思決定機関としての民会の構成員でもあり、ポリスを取りまく国際関係の渦巻く中で、戦争か平和かを決定し、国家財政を監視し、時には国家の要職に選ばれて国政を担当し、陪審員として不敬罪や殺人罪の訴えに対しても判断しなければならなかった」からだ(三四四頁)。――「彼らは生産ひとすじの農民、職人であってはならず、また専門的官僚であってはならず、世を棄てた哲学者であってはならなかった。でなければポリスは維持されることができない。ポリスはこの意味で『素人の共同体』であったということができる」(三四五頁)。

［文献］

Beiner, R., 1982, 'Hannah Arendt on Judging', in Arendt, H., 1982, *Lectures on Kant's Political Philosophy*, University of Chicago Press, 1992＝浜田義文監訳 1987『カント政治哲学の講義』法政大学出版局【LKPP】

Gadamer, H-G., 1960, *Wahrheit und Methode*＝轡田収・麻生建・三島憲一・北川東子・我田広之・大石紀一郎訳 1986『真理と方法』I、法政大学出版局

苅部直 2007『移りゆく「教養」』NTT出版
Kristeva J. 1999 *Le génie féminine 1 Hannah Arendt Fayard*＝松葉祥一・椎名亮輔・勝賀瀬恵子訳 2006『ハンナ・アーレント――〈生〉は一つのナラティブである』作品社
太田秀通 1991『ポリスの市民生活』(「生活の世界歴史」第3巻)、河出文庫
齋藤純一 2000『公共性』岩波書店
―― 2008『政治と複数性』岩波書店
Villa, D. R., 1996, *Arendt and Heidegger*, Princeton University Press＝青木隆嘉訳 2004『アレントとハイデガー――政治的なものの運命』法政大学出版局

第4章

人権論

——〈諸権利をもつ権利〉と共通世界

アレントの思想の中心にあるのは、活動(言論と行為)、複数性、共通世界といった諸概念である。これらの諸概念をキータームにしながらこれまでおこなってきたアレント読解のなかに、アレントの人権論を位置づけてみたい。彼女自身、一時、人権を奪われてもいたし、人権は、アレントの思想において重要な位置を占めている。後にみるように、人権についての考えは彼女の思想の中核となるものである。

また、アレントの人権論をとらえるこの試みは、単にアレント論の一環としてあるにとどまらず、常識的な人権論をとらえ直すことにもつながるものでもある。アレント人権論は、人権論の刷新の試みではないだろうか。

さらに、アレントの人権論の現代的意義について考えていくことは、アレント人権論の現代社会論への貢献についても考えることになる。アレントの人権論は、現代日本社会の分析のツールとしても有効であるように思われる——。現代は皆が「余計者」になる可能性がある時代なのではないか。青森から集団就職によって上京したN少年による連続射殺事件(広域一〇八号事件)、神戸連続児童殺傷事件(サカキバラ事件)、秋葉原無差別殺傷事件といった、若者がおこした諸事件を素材にしながら、アレント人権論の現代的意義を考えてみたい。こうした試みを支えているのは、諸事件をおこした若者を、アレント的な意味での「居場所のない者」ととらえることが可能ではないかという見とおしである。「居場所」というのは、必ずしもアレントのキータームとされてはいないが、アレント人権論、ひいてはアレント思想のエッセンスを示す言葉なのである。

本章は、以上三つのこと（第二のことは結局第一のことに包含されるとすれば、二つのこと）を明らかにしようとするものである。

1　〈諸権利をもつ権利〉、複数性、共通世界

アレントは、周知のように、『全体主義の起原』第２部「帝国主義論」において、国民国家の没落と人権概念の失効とを関連づけた議論（第５章「国民国家の没落と人権の終焉」）を展開している。

> 大規模な無国籍者の群の出現が事実上世界につきつけた難問は、譲渡することのできぬ人権、つまりいかなる特殊な政治的身分とも関りなく人間であるという単なる事実にのみ由来する権利などというものがそもそも存在するのか、という回避不能な問いだった。（EUTH S.607 ＝（二）二七四〜五頁、傍点引用者）

ここで述べられているのは、いわゆる人権論の基礎にある「譲渡することのできない人権」という考えははたして有効か、ということである。それを、第一次世界大戦およびそれに続いておこったロシア革命によって大量に発生した、亡命者や故国喪失者などの無国籍者の状況に照らして検討していくのである。「無国籍ということは現代史の最も新しい現象であり、無国籍者はその最も新しい人間集団である。第一次世界大戦の直後に始まった大規模な難民の流れから生れ、ヨーロッパ諸国が次々と自国の住民の一部を領土から放逐し国家の成員としての身分を奪ったことによってつくり出された無国籍者は、ヨーロッパ諸国の内戦の最も悲惨な産物であり、国民国家の崩壊の最も明白な徴候である」(SS.577–78＝(二)二五一頁)。こうした状況に照らしたとき、アレントは、従来のいわゆる人権論には批判的にならざるをえない——。

人権の概念はバークが予言した通りに、人間が国家によって保証された権利を失い現実に人権にしか頼れなくなったその瞬間に崩れてしまった。他のすべての社会的および政治的資格を失ってしまったとき、単に人間であるということからは何らの権利も生じなかった。人間であるという抽象的な赤裸な存在に対して世界は何ら畏敬の念を示さなかった。人間の尊厳は〈彼もまた人間だ〉という単なる事実によっては明らかに実現され得なかった。(SS.619-20＝(二)

二八六頁、傍点引用者）

国家の後ろ盾を失い、人権しか頼れなくなったまさにそのときに、人権概念が崩れたという冷厳な事実。ここでいう人権とは、いわゆる「譲渡することのできない人権」のことであり、人間であるという「単なる事実」から生ずるとされる人間の尊厳ということである。アレントが述べているのは、こうした、人権についてのわれわれの常識的な考えは、第一次世界大戦によって生じた無国籍者の例をみれば、成り立たないということだ。この問題をどう克服し、いかなる新たな人権概念を提起するかがアレントの問題意識であるといえよう。それは、第二次世界大戦の渦中でみずから無国籍者となった彼女の経験にもとづいた、切実な問題であった。

アレントにとっての課題は、この常識的な人権観をいかにとらえ直すかであったと言えよう。では、これまでの常識的な人権概念のどこが問題であろうか。アレントの言うところを聞いてみよう。

　二十世紀において事実人権を奪われている人々の現実の状態はこれらの人権の定義では把握不可能である。なぜなら、これらの個別の権利どれ一つを失ったとしても、人権の喪失という言葉が当てはまる唯一の状態である完全な無権利状態を必ずしも結果としてもたらしはしないからである。［戦争の際の兵士の生命にたいする権利、服役中の犯罪者の自由の権利、国の危機に際会した市民の幸福追求の権利などは、奪われることになるが］これらの場合のいずれをとっても、人権の喪失が起っていると主張し得る者はないだろう。他方、無国籍者は誰でも、このようないわゆる人権ならば絶対的な無権利という条件のもとでもしばしば享受し得ることを証言できるのである。(S.611＝(二)二七八～九頁、傍点引用者)

ここで、アレントはいわゆる市民権とは区別される何ものかに言及している。市民権の喪失は「完全な無権利状態」ではない。そのことが、戦場での兵士や服役中の囚人などを例にしながら主張されている。それにたいして無国籍者は、こうした市民権を享受しているにもかかわらず「絶対的な無権利」であるとされる。このあたりの問題が、アレント人権論の根幹となる部分である。

古代ギリシアの奴隷制との関連で、アレントは次のように述べている。

奴隷制の根本的な罪は奴隷が自由を失ったこと(これは他の事情のもとでも起り得る)にあるのではなく、自由を求める戦いが不可能となるような制度が作られたこと、つまり人々が自由の

> 喪失を自然から与えられた事実として理解し、あたかも人間は生れながらに自由人か奴隷かのいずれかに定められているかのように思い込まされるような制度が作られたことにある。人権宣言においてやはり自由が「生まれながらの権利」と宣言されたことは、この理論の最後の名残であるに過ぎない。生まれながらの自由は今やすべての人間に、奴隷にまでも認められたが、自由も非・自由もともに人間の行為の産物であって、「自然」とは全く無関係であることは看過されてしまった。しかし奴隷制がどうであるにせよ、ある意味で現代の無国籍者は奴隷より遙かに遠く、遙かに決定的に人間世界から追放されている。奴隷はその労働を必要とされ、利用され、搾取されることによって人間世界の枠の中にとにかく組み入れられていた。奴隷はまだしも一定の社会的、政治的関係の中で生きていたが、難民収容所の場所なき者(*displaced persons*)[1]や強制収容所の囚人はそのような関係を完全に失ってしまった最初の人々だった。[中略]人間を人間たらしめているこの特質、十八世紀の哲学が「人間の尊厳」と呼んだこの特質は、人間が人間世界から、具体的にはすなわち何らかの政治的共同体から切り離された場合にのみ失われるのである。(SS.615–16＝(二)二八二頁、傍点引用者)

「いわゆる人権」すなわち市民権よりももっと根本的なものは、ここに見られるように、「本質的な人間としての特質」「十八世紀の哲学が『人間の尊厳』と呼んだ」ものである。それが、「政治的共同体」との関連でとらえられている。

> ［所与の共同体の内部の諸権利を守るために定式化されたものである生命、自由、幸福の追求、法の前の平等、思想の自由などの権利は、無権利者の状態とは何の関係もない。］無権利の状態とはこれに対し、この状態に陥った者はいかなる種類の共同体にも属さないという事実からのみ生れている。(S.612＝(二)二七九頁、傍点引用者)

これらの引用にみられるように、アレントが「政治的共同体」とか「共同体」と呼んでいるものが何かということが、アレント理解にとっては重要である。アレントは、無国籍者の生命、あるいは無国籍者が生き延びていることについて、次のような議論をしている――。

> ［無国籍者の生命も、慈善によって生きのびることはあるが、それは］彼が生きる権利を持つからでは決してない――彼の扶養を各国に強制し得るような法律は存在しないからである。彼の移動の自由(Bewegungsfreiheit / freedom of movement)は［中略］居住権に基づくものではなく、

> 居住権なしの移動の自由は狩猟期の野兎の自由とやり切れないほど似ている。彼の思想の自由が愚者の自由であることはこれまでつねに示されてきた。彼が何を考えようと、何ものにとっても何ぴとにとっても全く意味をもたないからである。(EUTH S.613＝(二)二八〇頁; OT p.296、傍点引用者)

ここで問題になっているのは無国籍者についてであるから、「政治的共同体」はたしかに国民国家のことでもあろう。とはいえ、無国籍者が享受しているものが「狩猟期の野兎の自由」「愚者の自由」とされ、その反対に、考えていることが他者にとって意味をもつことが強調されているように、「政治的共同体」は単なる国民国家であるにとどまらず、アレント的な意味での「政治」に関わるものであることが推測される。

> 人権の喪失が起るのは通常人権として数えられる権利のどれかを失ったときではなく、人間世界における足場(a place in the world)を失ったときのみである。この足場によってのみ人間はそもそも諸権利を持ち得るのであり、この足場こそ人間の意見(opinions)が重みを持ち、その行為(actions)が意味を持つための条件をなしている。[これが失われたとき]市民権において保

証される自由とか法の前の平等とかよりも遙かに根本的なものが危くされているのである。彼らは[中略]政治的には生ける屍である。(EUTH S.613＝(二)二八〇頁; OT p.296、傍点引用者)

市民権よりももっと根本的なものがあるという、アレントの認識が重要である。そして、それは意見や行為と関連づけてとらえられている。——ここがポイントである。「愚者の自由」「生ける屍」というのは、これらが欠如していることであり、まさに「遙かに根本的なもの」が失われているということである。さらに、「人間世界における足場」とは何だろうか。この辺のことをもう少し詳しくおさえておかなければならないであろう。アレントが言っている「諸権利をもつ権利」ということが大事になってくる。

諸権利をもつ権利——これは、人間がその行為と意見に基づいて人から判断されるという関係の成り立つシステムの中で生きる権利のことを言う。(EUTH S.614＝(二)二八一頁、傍点引用者)

人間が行為と意見にもとづいて他者から判断される関係のなかで生きていること——こうした考えは、アレント思想の中心にあるものである。労働、仕事とは区別される活動の意味するところこそ、まさにこのことであった。人間世界に足場をもつということは活動が可能であるということである。それが欠如していると、「愚者」「生ける屍」しか残らない。活動ということは、言論と行為ということである。言葉が重要なのである。それは、人間の複数性ということが前提となる。複数性という人間の条件のなかで展開される活動こそ、人権を基礎づけるものにほかならない。ここまでくると、アレントの人権論がアレント思想の中枢と直結していることがよく理解できるだろう。アレント自身、はっきりと次のように述べ、これまでの人権論とみずからの人権論との違いを複数性という点に求めている。

> ［一八世紀の諸カテゴリーについて］決定的なことは、これらの権利とそれに結びついた人間の尊厳は、たとえ人間が世界に一人しか存在しないとしても依然として有効であり実在し続けることになるという点である。それらは人間の複数性とは無関係であり、たとえ一人の人間が人間社会から締め出されたとしてもその有効性には変りがない筈になる。(S.616＝(二)二八三頁、傍点引用者)

他者が存在しなくても成立するととらえられているのが、譲渡することのできない人権という考え方である。常識的なとらえ方においては、複数性ということがまったく考慮に入れられていないのである。〈複数性の思想家〉アレントは、これまでの人権論の問題性をこの点にみた。複数性、つまりは他者の現前することの重要性が、アレント人権論にとっても重要となるのである。このように、人権が活動と密接に関係しているとすれば、先の引用にみた、生まれながらの自由という考えが幻想であって、自由も非・自由もともに人間の行為の産物であり「自然」とはまったく無関係であることもよく理解できよう。

人間の行為の産物としての自由という、アレント人権論の基礎にあるこの論点は、とても大事である。この論点と絡めながら、この段階で、アレント人権論を位置づけてみよう。

アレントの人権論を論じたパレックは、次のように述べている。「アレントにとって、人権は、それを生き生きと守りつづけ、現実的にさせるための、人びとの積極的な参加が要請されるものである。規範にもとづいて決定するだけでは十分ではない。人権は、行為によってはじめて現実的になり、権力によってはじめて維持されるのである」(Parekh : 167)、と。アレント人権論が適切にまとめられていると言えよう。なお、ここでパレックが「権力」と言っているのは、当然、アレント独自の権力概念を踏まえたものである。――「権力は、活動し語る人びとの間に現われる潜在的な出現の空間、すなわち公的領域を存続させるものである」(HC p.200＝三二二頁)。このように、アレントにとって権力は、公的領域＝公共性に関係する概念である。したがって、複数性に関係している。

以上みたように、パレックが指摘しているのは、アレントの人権論を支えているのが、活動、複数性、他者の現前ということである。ひとことで言えばアレントは、人権は自然なものであるとする立場にたいして、人権を現実的にする構造を重視していたのである(Parekh : 135)。人権は自然のものという考えは、人権しか頼るものがなくなった事態に遭遇したとき、まったく無力であった。

アレント人権論をさらに位置づけるにあたって、パレックに倣って、人権についての本質主義／反本質主義という区別を導入したい(p.122)。本質主義とは、「人権は人間のある本質的な特性、人間本性、あるいは道徳性に根拠をもっている」ととらえる立場である。これにたいして反本質主義とは、「人権は人間本性や道徳性に根拠をもったものではありえない」と考え、別の種類の正当化を模索する立場である。本質主義／反本質主義という分類に照らすとき、アレントはどのように位置づけられるだろうか。

アレントにとって人権は人間本性に基づくものではないのだから、彼女の立場は本質主義ではない。そもそも、アレントは、人間の本質・本性を知ることができるということを否定していた(cf. HC p.146＝二二一～三頁)。アレントが語るのは、人間本性ではなく人間の条件である。また、パレックによれば、アレントは反本質主義でもない。というのも、アレントは人権の存在を信じる強い理由を示すからである(Parekh : 122)。反本質主義者のスタンスはそうではない。彼らは、たとえば、人権は何らかの目標を達成するのに必要だからとか、人権は有用だからといった理由づけをする(p.147)。こうしてみると、アレントの立場は、本質主義と反本質主義のあいだにあることになる。「アレントにとって人権は、平等をつくりだそうというわれわれの決意によって存在するものである。しかし、人権が継続的に存在するためにわれわれの行為に依存しているとはいえ、逆にわれわれを条件づけるようになるという意味において、人権はそれ自身のリアリティをもつようになる。人権は、われわれが世界をいかに知覚するか、世界から何を期待するか、世界のなかで行為するよういかに動機づけられるかを条件づけるようになるのである。人権はわれわれから生まれてくるが、われわれのリアリティの一部になるのである」(p.147)。——パレックのこのアレント理解は適切であろう。アレントは〈人間の条件〉について次のように述べていた。なにをしようと人間はいつも条件づけられた存在である。「人間世界に自然に入り込んでくるもの、あるいは人間の努力によって引き入れられるものは、すべて、人間の条件の一部となるのである。人間存在にたいする世界のリアリティの影響は、条件づける力として感じられ、受け止められる」(HC p.9＝二二頁)。人権についても、パレックが指摘したように、人が他者のあいだでおこなう活動によって支えられ、それがまたわれわれのリアリティの一部となり、われわれを条件づけるのである。

アレント人権論はアレント思想の中枢に直結するものであることを述べてきた。アレントが人権について集中的に論じている『全体主義の起原』第２部においても、そのことを示すかのように、「〈語られたこと〉の重要性の喪失とそれによるリアリティの喪失」(EUTH S.615＝(二)二八一頁)という論点に言及している。

このフレーズは、アレントの関心の有り様をよく伝えている。活動によって人と人のあいだで形成される共通世界のリアリティ構築こそが、アレント思想の核である。全体主義において失われるのはこのリアリティであるし、現代の大衆社会でもこのリアリティは失われてしまうのであった。アレント人権論の基礎にもこうした考えがある。パレックは次のように述べている。「アレントの非オーソドックスな人権観――客観的な所与でも主観的な幻想でもなく、複数性という条件の結果としての人権――は、根本的に間主観的なものとしての共通世界についての彼女の理解を考慮に入れてはじめてとらえることができる」(Parekh : 68)、と。ここでみた論点も、アレント人権論がアレント思想の中枢と直結していることを示している。

人権と共通世界の結びつきというこの論点は、本章の目的のひとつである、アレント人権論が現代日本社会論のツールとしても有効であることを指摘するためにも、きわめて大事になるものである。そのためにもこの論点についてさらにみておこう。

彼ら[無権利者]は人間によって築かれた世界と共同の労働の賜である人間生活のすべての領域とに対する関係を失っている。(EUTH S.621＝(二)二八七頁、傍点引用者)

無国籍者、無権利者は、先にみたように人間世界における足場を失っていた。そのことは、共通世界を失っていることでもある。これが、無国籍者、無権利者の最大の問題である。アレント自身、次のように述べている。

職業も国籍もまた意見も持たず、自分の存在を立証し他と区別し得る行為の成果をも持たないこの抽象的な人間は、国家の市民といわば正反対の像である。[中略]無権利者は単なる人間でしかないといっても、人と相互に保証し合う権利の平等によって人間たらしめられているのではなく、絶対的に独自な、変えることのできない無言の個体性の中にあり、彼の個体性を共通性に翻訳し共同の世界において表現する一切の手段を奪われたことによって、共同であるが

故に理解の可能な世界への通路を断たれているからである。(SS.623-24＝(二)二八九頁、傍点引用者)

活動によって、みずからの who を表わし、他者に抜きん出ようとする、あるいは現われようとする。アレントによれば、これが人間である——。

> 言論を伴わない活動は、その暴露的性格を失うだけではない。同じように、それは、いわばその主語を失う。[中略]言論なき活動がもはや活動ではないというのは、そこにはもはや活動者がいないからである。活動者(actor)すなわち行為者(doer of deeds)は、彼が同時に言葉の話し手である場合にのみ可能なのである。彼が始める活動は、言葉によってこそ、人間に理解できるように暴露される。(HC pp.178-9＝二九〇頁)。

「人びとは活動と言論において、自分がだれであるかを示し、そのユニークな人格的なアイデンティティを積極的に明らかにし、こうして人間世界にその姿を現わす」(p.179＝二九一頁)とするアレントは、what と who とを区別しつつ、「その人が『何者("who")』であるかというこの暴露は、その人が語る言葉と行なう行為の方にすべて暗示されている」(p.179＝二九一～二頁)と述べている。「活動する人間ではなく、作業するロボット」(p.178＝二九〇頁)になってしまうのが、無国籍者なのである。

アレント思想の根幹である複数性、共通世界。これが、アレント人権論をとらえるうえでもきわめて重要であった。複数性や共通世界といったアレント思想の中枢との関連で主張される人権論、その基礎にある「諸権利をもつ権利」という考え方こそは、従来の人権論を刷新する拠点となるはずのものである。

2　現代社会と居場所のない者

アレント人権論は、現代(日本)社会を分析するツールとしても有効なのではないか――。前節でみたアレント人権論を踏まえながら、本節ではこのことをみていきたい。鍵となるタームは、「諸権利をもつ権利」「(政治的)共同体」等である。

アレントは、人権論の文脈で、無国籍者について「『余計者(Überflüssigkeit)』あるいは居場所のない者(Standlosigkeit)」(EUTH S.612＝(二)二七九頁)として言及している。このことを、考察の出発点におくことにしよう。

前節でもみたように、アレントの政治的共同体は、国民国家を指すにとどまらず、アレント的な意味での政治が念頭におかれているので、人々のつくりだす共通世界のことであるととらえられる。であるとすれば、居場所がない者というのは、無国籍者だけにかぎらないのではないか。それは、共通世界から疎外されている人たち、人間世界に足場をもたない者たちをも取り込みうるものである。「余計者」あるいは居場所のない者は、無国籍者に限られはしない。このようにみていくとき、アレントのこの議論が現代社会論のツールとして役立ちそうなことがみえてくる。現代社会は、居場所がない者として特徴づけられる人々をたくさんつくりだしているのではないだろうか——。次に考えていきたいのはこの点である。本節の目的は、アレント人権論に照らしたとき、難民問題に代表されるようないわゆる人権問題がいかにとらえ返されるかについてよりも、アレント人権論の射程を明らかにすることであると言えよう。

いくつかの事件を取り上げながら考えることにしよう。

まず、一九九七年に発生したA少年による神戸連続児童殺傷事件(サカキバラ事件)と一九六八年に発生したN少年による連続射殺事件(広域一〇八号事件)を取り上げ、その異同について考えることにしたい。

大澤真幸は、Nについての見田宗介の分析を踏まえながら、二つの少年犯罪の差異を強調している。「Nにとっては、まなざしが地獄であった。Aにとっては、逆に、まなざしの不在が地獄なのだ」(大澤：六〇)、と。たしかに、こうしたことは言えるだろう。しかし、アレント的な観点から見ていくと、NとAとのあいだのこうした差異よりもむしろ共通性を強調すべきであるように思われる[2]。

Aは、自らを「透明な存在」だととらえていた。大澤も述べているように、「透明な存在」とは、他者たちの視線が及んでいない者という意味である。Aは「透明な存在」を脱して、「せめてあなた達の空想の中でだけでも実在の人間として頂きたい」と思っていたのである。「透明な存在」は、他者たちから見られ、聞かれ、意見を述べることもない。自分がだれであるかを示し、そのユニークな人格的なアイデンティティを積極的に明らかにする活動と言論が、Aには欠如していたのだ。したがって、Aのwhoが暴露されることもない。

これにたいして、Nの場合はどうか。Nにとってまなざしが地獄であったのは、「それが、まなざされた人間を、表相性を介して、総体として規定するからである」(五六頁)。つまり、身体の上に現われる諸特徴——容姿・服装・持ち物・仕草・趣味・言葉(方言)——や書類等に記載される抽象的な属性——出生・出身地・学歴・肩書等——によって、「その人物が何者であるかが、その人物のアイデンティティが、結局は、その人物の社会システムの内部での位置――役割や階級――が読み取られ、推測される」（五六頁）。そして、「貧乏人」「脱落者」「田舎者」といったレッテルが貼られたのである。Nは、これにたいして、「表相性を改変し、創作することで、他者たちのまなざしを操作」しようとした。つまり、大学生の肩書の名刺をつくったり、ロレックスの腕時計やロンソンのライターをもち歩いたりしたのである。

Nへの他者のまなざしは、what への注目であり who への注目ではない。Nは、Aとは違って、他者からのまなざしはあった。しかし、それは、「リスペクトのまなざし」ではなく「軽蔑のまなざし」であった[3]。what への注目であったがゆえに、結局、Nには、Aとおなじく、活動と言論はまったく欠如していたことになる。また、N自身の対抗戦略も what の次元に終始していた。このように、アレントをとおして考えるわれわれには、二つの事件の差異よりも共通性の方が浮かびあがってくるのである。

ここで、アレントの次のような主張が想起される。「出現(appearance)の空間がなく、共生の様式としての活動と言論にたいする信頼がなければ、自分自身のリアリティ、自分自身のアイデンティティも、周りの世界のリアリティも樹立できないことは疑いないからである。人間の感覚がリアリティをもつためには、人間は、単に与えられたままの受身の自分を現実化(actualize)しなければならない。しかしそうするのは、自分を変えるためではなく、自分をはっきりと際立たせ、完全に存在させるためである（HC p.208＝三三三〜四頁）。自分の感覚にリアリティをもたせるためにも、人には活動と言論が不可欠なのである。NもAも、人々とともに共通世界をつくり上げることができていない。このとき、アレント的意味での人権は存在していない。NやAは、アレントが国民国家の崩壊にともなって生じるととらえた無国籍者に等しいのである。二つの事件は、そうした無国籍者であることへの抵抗を、犯罪をとおしてしか実現できなかった悲劇であるとも言えよう[4]。

社会に大きな衝撃を与えたもうひとつの事件もみてみよう。秋葉原無差別殺傷事件の容疑者Kの動機は、ネット上での孤立であったと言われている[5]ことにもうかがえるように、現代のネット社会では意見を述べることが独り言になってしまうケースが多々あることだろう。誰にも見られ、聞かれることのない意見。それは、意見には値しない。その場合、いくら意見を述べているように見えても、すなわち言論と活動をおこなっているように見えても、実際にはそうではない。「出現の空間」にはなっていないからだ。活動と言論によって形成される共通世界の客観的リアリティが形成されていないがゆえに、アレント的人権はこの場合でも成立することはない。言わばネット空間での無国籍者がKということになろう。

このように、三つの事件はアレントの枠組みをとおしてとらえることができる。三つの事件とも、根底には、活動が可能となる他者が存在していないということがあるのではないだろうか——。

現代を、「自分は自分、人は人」という論理が規範として機能している個人化の時代としてとらえる芹沢俊介は、「自己領域性」をキーワードにした議論を展開している。そして、度重なる「集合自殺」を個人化の時代の象徴的な悲劇ととらえた。集合自殺は集団自殺とは異なる。「個々が個々の思いを一つに集めることなく、それぞれの事情、それぞれの思い、それぞれの願い、それぞれの動機に、他から介入されることなく、ただ死ぬためにのみ集まり、燃える練炭が致死量の一酸化炭素を排出するまでの時間を共有するのみという、その個別性が若者たちを強くひきつけたのである」（芹沢：一五四）、と芹沢は述べている。ここには、仲間意識・集団意識はみられない。集合自殺は、個別性を死においても貫徹しようとしたものである。二〇〇〇年代の前半に流行したこの集合自殺は、数年のちには、急速に硫化水素自殺に移行していったという。何が若者を硫化水素自殺に引き寄せたのか。芹沢は、この移行を解き明かすのは「個別性への志向」であるという。個別性への強い志向はふたつの自殺形態に共通しているが、この志向は、硫化水素自殺で際立ってきたのである。この移行は自己領域化の徹底である（一六二頁）。このとき、自己は自己領域性にまで縮減されてしまっている。自己領域性の出現が若者の内面に与える影響について、芹沢は以下のようにとらえている(一六九〜七一頁)。まず、自己領域に対する相互不介入、相互不可侵が原則になっていることである。配慮のしあいがなされ、相互に激しい緊張状態がもたらされる。この点は、土井隆義(2008)が「友だち地獄」と呼んだ事態であろう。第二に、新たな不安がもたらされるという点。何をやっても自由であり、誰一人制約となる他者、障害となる他者がいないという現実。恣意性はどこまでいっても自己領域を出ることができない。芹沢は、これを、他者の手ごたえを放棄することの苦痛ととらえている。そして、芹沢は、いかに他者存在を肯定し受け入れ、この自己領域性を開いていくかが、われわれの課題とならなければならない、と述べている(芹沢：一九二)。

現代の課題についての、こうしたとらえ方は、さきにわれわれがみた方向性と同じであるといってよい。芹沢の議論は、アレントを援用してとらえ直すことができよう。それは、共通世界の喪失による自己自身への疎外ということである(cf. 齋藤：一五〇)。「自己領域性」をキーワードにした芹沢の議論はこのようにとらえ直すことが可能であろう。

芹沢は、秋葉原無差別殺傷事件の犯人Kについても論じている。

Kは、インターネットに次のような書き込みをしていたという。「孤独な私は既に社会的に死んでいます」と。芹沢は、「社会的に死んでいる」ということを次のようにとらえている。「個々の人間の社会的位置や社会的存在理由は、他者との関係で生まれる。ところが、その『他者関係』がない、だから自分の社会的位置が見つからないし、存在理由も感じられない、いわばゼロである」(芹沢：二八)、と。これをアレントの立場から言い換えれば、他者とともにつくる共通世界の喪失による孤独の指摘である。単なる社会的位置というタームではとらえきれない事態が問題なのではないか。そこを取り逃がしてはならない。

また、芹沢は、Kの孤独を派遣労働との関連でもとらえている。派遣労働現場では、取り替え可能な条件さえ満たすなら、「誰でもいい」という雇用の論理がみられる。そして、このような疎外感をうみだす社会を、芹沢は無差別化する社会と名づけ、「違いの剥奪」「無差異化」という言葉によって特徴づけている(三八～四三頁)。

アレントは、言論を複数性という人間の条件の現実化ととらえていた。そして、それは人間の差異性(distinctness)に対応するものとされていた(HC pp.175–78＝二八六～九〇頁)。芹沢の議論は、派遣労働現場には言論が存在していないということである。芹沢の議論をアレントで言い換えるならば、活動によって示される差異性の欠如ということになろう。他者の存在によってつくられる共通世界の喪失と活動の喪失とは、アレント的に言えば同時的であろう。「社会的な死」と「違いの剥奪」とは同時的なのだ。すでに述べたように、これが共通世界の喪失による自己自身への疎外ということである。

秋葉原事件を論じた大澤たちは、現代社会を〈承認に飢えている社会〉ととらえている(大澤：二二四)。社会のなかで承認の一般的枯渇という現象が起きているが、格差社会という言葉に象徴されているように、「自分は承認されていないけれど、ほかの誰かは承認されているような気分になる」(二二七頁)。この「承認」ということも、アレントをとおしてみてきたことと基本的にはおなじであろう。アレントのいう活動、複数性、他者の現前といったことは、まさにこの「承認」について論じたものと言えるであろう。「承認に飢えている」という事態は、アレントを援用してより明細化できるのである。

浅野智彦も、秋葉原事件を論じて、Kのなかの「孤独であることとの二つの位相」を区別すべきであるという。「彼は、親密性の領域(恋愛)において自分が徹底的に疎外されてあることの苦痛を必死に訴えているのだが、その訴えにもかかわらず、実際のところ彼が疎外されているのは敬意と尊敬との交換によって成り立つ領域、いわば公共性の領域なのである」(浅野：一九一〜二)、と[6]。浅野のいう「敬意と尊敬との交換」も、アレントのいう活動、複数性、他者の現前といったものと異なるものではないということは、もはやくどくどしく説明するまでもないだろう。アレントの議論は、「承認」や「敬意と尊敬の交換」を可能ならしめる条件について論じているとも言えるだろう。

以上のように、秋葉原事件をとおして現代社会の問題をとらえようとしている論者の議論を借りながらみていっても、やはりアレントの議論にいきつくように思われるのである。

作家の藤原伊織は、乱歩賞と直木賞をダブル受賞した『テロリストのパラソル』という作品で、歌舞伎町について次のように描いている。――「泥酔した男たちが濁った奇声をあげながら歩いている。若い女たちがとおりすぎていくが、彼女たちの交す会話はこの国の言葉ではない。道端で身体を絞りながら吐いている男。それをそばでぼんやり見おろす女。高校生くらいにしかみえない少女たちのグループとその集団から爆発したように湧きあがる嬌声。なにを職業にしているのか判然としない男女。なにを目的にたむろしているのかわからない若者たち。ここにはあらゆる人間がいるが、あらゆる判別は意味を持たない。私がアル中の中年であることも意味を持たない」（藤原：二三六）、と。

「あらゆる判別は意味を持たない」ということは、ここでは歌舞伎町について描かれているが、Kが事件をおこした場所である秋葉原にもあてはまるであろうし、そういった大都市にかぎらず、多かれ少なかれ現代社会の特徴と言ってもいいだろう。アレントによって言い換えれば、現代社会では活動を可能ならしめる公的空間が不在ということになる。突拍子もない引用をしたと感じられるかもしれない。しかし、これはまさにアレントの思想なのである。もう少し、説明しよう。

「革命とは自由の創設のことであり、自由が姿を現わすことのできる空間を保障する政治体の創設である」(OR p.125＝一九一頁)とするアレントは、周知のように、フランス革命よりもアメリカ独立革命を評価していたのであるが、建国の父祖たちのひとりであるジョン・アダムズを引用している。アダムズは貧民を「卓越(excellence)が輝きうる公的領域の光(the light)」(p.69＝一〇四頁)から排除されている者としてとらえたうえで、貧民についてこう述べている、と。——「貧しい人の良心は曇りがないのに、彼は辱めを受けている。[中略]彼は自分が他の人びとの視野の外にあると感じ、暗黒(the dark)のなかを手さぐりで歩く。人は彼に目も止めない。彼は気づかれないままによろめき、さまよう。教会や市場のような人混みのなかにいても、[中略]彼はまるで屋根裏か地下室のなかにでもいるように暗闇(obscurity)にある。彼は異議を唱えられたり、とがめられたり、非難されたりしない。彼はただ気づかれ(seen)ないのである」(p.69＝一〇四～五頁)。このように、アレントは、「近代の文献にまったく珍しい」、「欠乏(want)よりもむしろ暗黒(darkness)のほうが貧困の呪いである」(p.69＝一〇五頁)とするアダムズに注目している。「公的領域の光」と「暗闇」の対比は、アレント自身の対比でもある。そして、この「暗闇」こそ、さきほどの小説が示している状態にほかならないのである。

本節ではアレントの人権論、そしてその基礎にあるアレント思想は、現代日本社会を分析するにあたっても有効であることを、現代の諸事件についての先行研究を踏まえながら指摘してきた。アレントの議論は、現代社会のどこが問題なのかを鋭く抉っていると思われる。大事なのは、他者とともにつくりだす共通世界のなかで差異が意味をもつということではないだろうか――。

3　アレント人権論の意義

以上みたように、アレントの人権論は、従来の人権論を刷新するものであり、現代社会の分析ツールとしても有効なものである。しかし、パレックによれば、〈諸権利をもつ権利〉を強調するアレントの人権論は、残念ながら、さほどインパクトを与えなかったという。それはなぜだったのか、については検討するに値する。パレックは、以下のようにとらえている。

まずは、それが政治的な実践向きではなかったこと。この点については説明はいらないだろう。次に、われわれの深層にある政治的存在論と矛盾していること。この政治的存在論によれば、「剥き出しの生を政治から排除しながら、同時に剥き出しの生が至高の価値であると宣言している」。剥き出しの生が至高の価値だというのは、人権宣言等に見られるように、現代の民主主義は剥き出しの生が至高だとされているということである。このことは、たとえば、世界人権宣言に、「すべての人間は、生れながらにして自由であり、かつ、尊厳と権利とについて平等である」とされているように、生まれながらの生が至高だとされていることに表されていよう。また、アレントが批判的にとらえたように、近代になって労働が活動や仕事を圧倒して優勢になっているということとも関わっている。同時に、難民への対応に見られるように、剥き出しの生は政治から排除されている。このようなパラドックスが現代のわれわれの政治的存在論には見られるのである。

アレントのスタンスは、もちろんこれとは異なっていた。剥き出しの生は無力である。アレントが主張するのは、剥き出しの生(ゾーエ)は無批判的に受け入れられるものではなく、ゾーエからビオスへと転換させる条件こそをとらえなければならないということであった。アレントのこうした考えがなぜインパクトをもたなかったのか。その答えが、さきほどみたように、生についての現代的な考え方なのである。すなわち、剥き出しの生＝ゾーエを至高だとする存在論が邪魔をしたのである。「生についてこうした考え方をしているので、完全に人間的な生であるビオスを可能にするもの、すなわち共通領域での言論と行為の重要性について理解することができないのである」(Parekh : 170–1)。至高の生はビオスである。アレントにとっては、「ゾーエのビオスへの転形を可能にする条件、すなわち、他者によって見られ、判断されうる共通領域での言論、行為、意見」が重要なのである。単なる法的保護や人道的支援などでは不十分なのだ。

これまで十分に認識されることのなかったアレント人権論の重要性について、バウマンやデュルケムと比較しながら、改めて考えておきたい。

人権をめぐって、アレントは〈諸権利をもつ権利〉を強調した。そして、これが奪われている状態を告発した。こうした問題意識に対応しているのは、バウマンの〈廃棄された生〉という問題関心であろう。バウマンは、秩序への関心と相即的に一定の生が廃棄されるその多様なかたちについて、モダニティ論およびポストモダニティ論として展開した（バウマン 2007 参照）。こうした問題にたいするバウマンの対抗策は何であったのだろうか。バウマンは、他者の顔に対面することによって構成される道徳的主体を重視した（中島 2009）。それは、社会学の文脈では、デュルケム道徳論にたいする批判として位置づけられる。こうした意味での〈倫理〉が彼の対抗策であった。しかし、他者の顔への対面ということからしても、こうした議論の適用範囲はきわめて限定的であり、全体社会の問題を考えるにはきわめて迂遠だと言わざるを得ない。とはいえ、バウマンを性急に否定する必要はない。アレントは言論と活動の場を重視した。言論と活動の場を可能ならしめるには、ある条件が必要である。つまり、この場は必然的に境界を定めるものである。この境界を描き直すひとつの契機になるのがバウマン流の〈倫理〉ではないだろうか。この意味で、バウマンはアレントを補完するともいえる(本書第6章参照)。

デュルケムと比較すると、アレントはどのように位置づけられるのだろうか。

デュルケムの道徳的個人主義はどう位置づけられるだろうか。道徳的個人主義は、人間的人格の尊厳を主張するものであった。個人化が進展していったときに、人間のあいだに最後に残る共通性として取り出されたもの、それが人間的人格であった。単に人間的人格であること、そこにすべての人間の共通性がある。デュルケムのこの道徳的個人主義の考えは、「単に人間であるということ」「彼もまた人間であるということ」から人間の尊厳は生まれるという主張のように見える。であるならば、アレントが何の効力もないものとして批判した立場になる。しかし、デュルケムはそうした立場とは少し異なっている。

「道徳的個人主義」は、デュルケムにおいては、社会理想・集合的理想としてとらえられている。この理想があるがゆえに、人間的人格の尊厳ということが意味をなしえている。たとえば、未開社会にあっては、人間的人格の尊厳など存在しなかったはずだ。機械的連帯の基礎にある集合意識は個人の人格を否定していた。というより、そうした観念の余地はまったくなかった。デュルケム流に言えば、集合意識が個人意識を完全に覆っていて、個人意識の存在余地はなかったのである。この集合意識が弱体化して、より正確には抽象化・合理化されていってはじめて、個人の価値が浮上してきた。そして、デュルケムは、人間的人格の尊厳という意味での道徳的個人主義が現代社会の集合的理想として意識化されてはじめて、混乱しているフランス社会の道徳的再建が可能になると考えたのである。社会理想は社会概念の核にあるものである。この社会理想が各人のなかで位置を占めてはじめて社会は生命性を保持する。

　このように、デュルケムは人権を、単に人間であるという事実に基礎づけているのではない。この点をデュルケムは、カントやルソーの個人主義を批判するというかたちで明らかにしていった（デュルケム「個人主義と知識人」参照）。であるならば、デュルケムはアレントに近づいていく。とはいえ、デュルケムの場合、この社会理想を保持・持続させるのは、記念日の祝祭といった仕掛けによる、周期的な集合的沸騰ということにある。日常的には、この社会理想は徐々に萎んでいく。この仕掛けによって周期的にそれに活を入れるのである。であるとすれば、「他者によって見られ、判断されうる共通領域での言論、行為、意見」という、人々の日常的な、たゆまぬ活動によって人権が支えられているという、アレントの立場とはまったく異なると言わざるを得ない。

　カントの「人格の尊重」という考えをデュルケムは「社会学化」しようとした。カントの場合、人権は天賦のものとされていた。デュルケムがそれを社会学化したというのは、人格の尊重ということが意味をもったのは社会が人格を尊重するに値するものにしたからだ、ととらえたということである。しかし、アレントの立場からすれば、この社会学化は不徹底ということになる。アレントによれば、複数性や共通世界と関連づけてとらえなければならないのである。

人間が生まれながらにもっている人権を守りましょう、と言挙げするだけでは、問題はまったく解決しない。生まれながらの人権ということはまったく無力であった。オウム真理教事件や神戸連続児童殺傷事件の発生を背景にして、ある少年が公開の席上で「なぜ人を殺してはいけないのか？」と問い、論壇で話題になったことがあった(小浜 2000 参照)。ということは、人間的人格の尊厳は社会理想として弱体化してしまっているということである。であるならば、デュルケム流の、社会理想の周期的な活入れもさほど効果的ではない。そもそも人間的人格の尊厳ということに疑問がもたれているのだから。やはり大事なのは、アレントが考えるように、いかに「現われの空間」を構築していくかということである。

アレントは、この方向性に希望をもっていたのだろうか――。アレントが賭けているのは「創始の能力」である。「人間は、その誕生によって、『始まり』、新参者、創始者となるがゆえに、創始を引き受け、活動へと促される」(HC p.177＝二八八頁)。これは、アウグスティヌスを引きながら、アレントがさまざまなところで強調している点である。――「神は、世界のうちに始まりの能力すなわち自由を導き入れるために、人間を創造したのである」(BPF p.166＝二二七頁)。それゆえ、常に希望はある。「人権は、それゆえ、常に人間的可能性の領域内にある」(Parekh : 172)。

結び

本章で考えようとしたのは、直接的には人権についてである。アレントの人権論はいかなるものか、そしていかなる意義をもっているのか。これらの点については、十分解明できたのではないだろうか。しかし、アレントのなかで、あるいはアレントをとおしてわれわれが考えようとしているのは、さらに、他者と共同体、あるいは〈他者から成る共同体〉の問題についてである。筆者の一連のアレント論は結局ここに行き着く。――これについては、少し説明が必要だろう。

人権を考えるにあたって、「共同体 or 人権」というとらえ方はあまりに単純である(中野 2010参照)。アレントが明らかにしたのも、このことであった。共同体と人権は排他的ではない。もちろん、共同体と言っても、個人の自由を否定するような共同体が想定されていないのは当然である。しかし、アレントの立場からすればそれだけでは十分ではない。デュルケムの道徳個人主義論にみられるように、個人の人格の尊重を意味する道徳的個人主義が社会理想であってみれば、共同体と人権は難なく両立する。が、このとき、諸個人は人格ということでみな同じであった。ここには「他者」がない。この点はすでに何度か、アレント：デュルケム＝複数性＝公共性：同一性＝共同性として論じたところである（本書第1、5、6章参照）。アレントをとおして考えることの意義は、まさしくここにある。アレントにとっては他者であるかぎりでの他者が重要である。共同性ではなく公共性を語りうるのもここにおいてである（本書第6章参照）。ジャン＝リュック・ナンシーの“common being”と“being in common”との区別を用いて言えば、デュルケムの道徳的個人主義の基礎にあるのは「共通の存在であること＝共通存在（common being）」であり、アレント思想の基礎にあるのは「共に存在していること＝共存在（being in common）」である（スコット二七〜八、二〇六〜七頁参照）[7]。「共通の存在であること＝共通存在」ではなく「共に存在していること＝共存在」に立脚することが、〈他者から成る共同体〉を可能にするのである。

［註］

1　「場所なき者」という訳語は齋藤純一による。齋藤（七一頁）参照。

2　大澤による二つの少年犯罪の比較は、本章で焦点をあてた、まなざしの地獄／不在のほかにも、さまざまな対照を描きだしている。まなざしにのみ限定しても、次のような対照が指摘されている。「Nにとっては、都市のまなざしは外的な超越性をもって君臨するが、Aを規定する神＝魔物［Aの犯行メモに記載されていたとされるバモイドオキ神］は、徹底した近接性・内在性によってこそ特徴づけられる」(大澤：六七)、と。そして、この二つの少年犯罪は、理想の時代／虚構の時代という規定との関連でとらえられており、Nの犯罪は理想の時代に内属するもの、Aによる犯罪は、地下鉄サリン事件と並んで、虚構の時代の終わりを知らせる出来事とされている(六七、八三頁)。

3　軽蔑の反対語としては尊敬が思い浮かぶが、尊敬には上下関係の意識が入り込んでいる。したがって、上下関係の意識のない「リスペクト」という言葉を使った(宇野：一五七～九参照)。

4　菊地史彦は、犯罪を暴力的社会参加ととらえ、Nの行為は「受け入れられない自己」が暴力的な手段で社会に参加する企てだった、としている(菊地：三四七)。

5　註６では、K本人の自己分析について、私なりに分析しておいた。

6　ここで浅野が指摘している「親密性の領域(恋愛)において自分が徹底的に疎外されてあることの苦痛」というのは、Kが自分が不細工であることを気にしていたという点を取り上げたものであろうが、Kは不細工であることはネタとして使っていたようである(加藤 2012：四四～六)。私などは、ネット世界のこと、ネットユーザーのことはよく理解できないことが多いが、Kにとってネットの世界は現実であり、ある意味で〈社交〉の世界であるようだ。そこでは〈社交〉のルールが支配している。「掲示板での私の場合、ネタをネタとわからない人が部外者です。『不細工でも頑張れば彼女はできる』等と、的外れなアドバイスや反論をしてくるような人たちのことです」(四五頁)。「私が掲示板に書き込むのは、アドバイス等を求めてのことではありません。誰かと会話をすることそのものが目的です。それも、できるなら、私が予想もしなかった切り返しをしてくれることを望んでいました。そうではないキレイゴトや、アドバイスにもなっていない型にはまったアドバイスらしきものは、一応会話にはなりますが、正直、うんざりでした」(加藤2013：一〇〇)。秋葉原事件は、この〈社交〉のルールを破壊する、「荒らし」による「成りすまし」への警告のための事件であったというような主張を、K自身はしている(加藤2012：五六〜七)。もちろん、その根底には、「社会との接点の少なさを全て掲示板でカバーしていた」ということがある、とK自身も述べている(一五九頁)。「社会との接点は、掲示板でのトラブルだけ」(四九頁)という状態であったKは、「成りすましらの他に社会との接点がほしい、つまり、誰かのために何かをさせてほしい、その『誰か』になってくれる人がほしい」と願っていた(九五頁)。そして、事件三日前には、「やることが無い」という書き込みをしている。本人によると、「社会との接点を失い、行動の理由になる『誰か』が無くなってしまったから『やることが無い』のであり、孤立という言葉を使わずに孤立したことを書いているのが、この書込みです」(一四四頁)。このようにみていくと、本文で述べた「ネット上での孤立」ということは、この事件の的をはずしてはいないように思われる。——とはいえ、本章で試みようとしているのは、資料を使いながら事件のより妥当な分析をおこなうことではなく、論者たちによる分析をアレントに引きつけてとらえ直すことである。

7　ナンシーの議論については、スコットを参照した。なお、二つの用語は、スコットの邦訳書では、それぞれ、「共通する存在であること」と「共同での存在であること」とされている。ちなみに、スコットも、二一世紀における民主主義の基礎として、前者にではなく後者に期待を託している(二〇七頁)。

［文献］

浅野智彦 2008「孤独であることの二つの位相」、大澤編『アキハバラ発』所収、岩波書店

バウマン（中島道男訳）2007『廃棄された生』昭和堂

土井隆義 2008『友だち地獄』ちくま新書

Durkheim, E., 1898 "L' inidividualisme et les intellectuels", 1870 dans Durkheim, E., *La science sociale et l' action*, PUF（「個人主義と知識人」、佐々木交賢・中嶋明勲訳 1988『社会科学と行動』所収、恒星社厚生閣）

藤原伊織 2002『テロリストのパラソル』講談社文庫（単行本初出は1995年）

加藤智大 2012『解』批評社

―― 2013『解＋』批評社

菊地史彦 2013『「幸せ」の戦後史』トランスビュー

小浜逸郎 2000『なぜ人を殺してはいけないのか』洋泉社新書

見田宗介 2008『まなざしの地獄』河出書房新社（初出は1973年）

中島道男 2009『バウマン社会理論の射程―ポストモダニティと倫理』青弓社

中野剛充 2010「人権と共同体―共同体は『他者の人権』に自己を開き得るか」、井上達夫編『人権論の再構築』所収、法律文化社

大澤真幸 2008『不可能性の時代』岩波新書

―― 編 2008『アキハバラ発』岩波書店

Parekh, S., 2008, *Hannah Arendt and the Challenge of Modernity : A Phenomenology of Human Rights*, Routledge

齋藤純一 2008『政治と複数性―民主的な公共性にむけて』岩波書店

スコット（李孝徳訳）2012『ヴェールの政治学』みすず書房
芹沢俊介 2008『若者はなぜ殺すのか—アキハバラ事件が語るもの』小学館（１０１新書）
宇野重規 2010『〈私〉時代のデモクラシー』岩波新書

第5章

権力
——デュルケムの「力」との関連で

アレント思想のキーワードは複数性、他者、共通世界などである。一連の用語はみな関連しているが、とりわけ複数性はアレントを理解するための最重要の用語であろう。アレントは〈複数性の思想家〉なのである。われわれはこれまで、これらのキーワードに注目しながらアレント論を展開してきた。本章は、その一環として、権力＝力に焦点をあててアレントとデュルケムを比較することによって、アレント思想の一側面を改めて浮き彫りにすることをめざすものである。

権力はアレントにおいて重要な概念である。アレントの権力論はアレント思想の中枢に結びついている。複数性はじめ、アレントのキーワードとの関連でとらえられるものなのである。しかし、アレントの権力概念は、権力の一般的なとらえ方とは異なっている。アレントの権力概念の位置を見定めるためには、意外にも、デュルケムの力という概念が有効であるというのが、本章がとる戦略である。なお、本章は、アレントを正面から論ずるものというよりは、デュルケムという比較のための解読格子を用いてアレントの位置づけをおこなうものと言った方がよいかもしれない。

1　「権力」と自由 ―― アレントの場合

アレントは、権力について以下のように述べている。

権力が発生する上で、欠くことのできない唯一の物質的要因は人びとの共生である。人びとが非常に密接に生活しているので活動の潜在能力が常に存在するところでのみ、権力は人びとと共に存続しうる。(HC p.201＝三二三〜四頁)

アレントにあっては、権力は、人びとの共生と密接不可分な概念だとされている。この文脈から言えば、権力(power)は、強さ(strength)や強制力(force)や暴力(violence)から区別しつつ用いられることになる。

権力とは、常に潜在的能力(a power potential)であって、実力(force)や体力(strength)のような不変の、測定できる、信頼できる実体(entity)ではない、といっていいだろう。体力が孤立状態にある個人の自然的特質であるのにたいし、権力は、人びとが共同で活動するとき人びとの間に生まれ、人びとが四散する瞬間に消えるものである。(HC p.200＝三二二〜三頁、傍点引用者)

権力は人びとの共同と関連づけられ、そのかぎりで存在するものであって、実体ではない。これにたいして、暴力の手段(instruments of violence)は、いざというときのために貯蔵し保存しておくことができるものとされている(p.200＝三二二頁)。暴力は権力とは異なるのである。さらに、次のような主張もされている。

> 政治的にいうとすれば、権力と暴力は同一ではないというのでは不十分である。権力と暴力は対立する。一方が絶対的に支配するところでは、他方は不在である。暴力は、権力が危うくなると現れてくるが、暴力をなすがままにしておくと最後には権力を消し去ってしまう。ということはつまり、暴力に対立するのは非暴力であると考えるのは正しくないということである。非暴力的権力というのは、実際のところ、言葉の重複である。暴力は権力を破壊することはできるが、権力を創造することはまったくできない。(CR p.155＝一四五頁、傍点引用者)

権力と暴力は対立するとされている。アレントは、たとえば、正当な暴力を独占しているのが国家権力だというときに想定されている権力理解とは、異なったとらえ方をしているのである。そして、権力は人びとが共同で活動しているかぎりで、その間のみ存在するとされている。その点が、暴力その他の力とは異なる。

強さ(strength)／強制力(force)／暴力(violence)等のあいだの細かな区別について、ここでは拘る必要はない。権力は、それらとは異なって実体ではない、ということさえおさえておけばよい。おさえておくべきは、「権力とは、単に行為するというのではなく、協調しつつ共同に行為する(to act in concert)人間の能力に呼応するものである。権力は、けっして個人の所有物ではなく、集団に帰属するものであり、集団が集団として維持されているかぎりにおいてのみ存続しつづける」(p.143＝一三三頁)ということである。

アレントのこうした権力のとらえ方は、われわれがアレント論を展開するなかでおさえてきた、アレント思想の中枢に直結するものである。そのことは、次の発言をみても明らかである。

> 権力は、活動し語る人びとの間に現われる潜在的な出現の空間、すなわち公的領域を存続させるものである。(HC p.200＝二二二頁)

アレントによれば、権力は公的領域に関係する概念である。アレントは公的領域という語を用いるが、一般には公共性や公共圏という語がポピュラーである。公共性の思想家アレントの中心に権力概念は位置しているのである。公共性の思想家は〈複数性の思想家〉でなければならない。本章で議論していくのは、アレントの権力を理解するにあたっては、アレント思想のキーワードである複数性との密接な関係をおさえる必要があるということである。そして、このことを論ずるにはデュルケムとの比較が有効だというのが、本章のとる戦略である。

さきほども述べたように、権力についてのアレントの考えは、われわれが慣れ親しんでいる考え方とは異なっている。この点をどう理解すればいいのだろうか。アレントの権力にたいするまなざしは曇っている、というような否定的な見方をしてよいのだろうか。

ここで、千葉眞(一九九六)に倣って、実体論的権力論／関係論的権力論という、権力観についてのふたつの立場を区別しておこう。実体論的権力論は、「権力を何らかの善を獲得するための現在の手段として所有的に理解する」ものである。後者の関係論的権力論は「権力を人々や集団間の関係づけとして捉える」ものであり、これは、さらに、階層的理解／平等主義的理解に二分される。これに従えば、アレントは、関係論的権力論のうちの平等主義的理解の立場ということになる。したがって、権力は人々の協力関係から生じると理解されている(千葉：九八)。

川崎修も同様のとらえ方をしている。彼は、権力観を大きく非対称的権力観／共同的権力観に分け、さらに後者を二分する。権力の機能に着目するものと権力の生成・創出に着目するものとの区別である。この分類に従えば、アレントは、共同的権力観、しかも権力の生成・創出に着目する立場に立っていることになる。アレントの権力概念について、川崎は、「人間が他者と協力して活動する能力に基礎をもつ、複数の人間からなる集団の能力である。そして、そうした集団の能力としての権力は、集団の成員たち自身の自発的な協力によって創出されるのである」と述べている（川崎：二八）。

このように、アレントの権力のとらえ方は、政治学における権力観のひとつの見方であることは間違いない。こうした見方の意義について、今しばらく考えていきたい。

まず、権力と自由の関係についてみていこう。アレントにおいては権力と公共圏が関係していたことからもわかるように、権力は単純に自由の反対物とは言えない。この点を、川崎は次のように述べている。「権力は究極的には自由な協力や同意から生み出され、かつそれは集団を組織することで孤立した個人にはなしえないことをも可能にする。その意味では、権力は自由の現れであるということにもなる」（川崎：二九～三〇）、と。

このことは、アレントの革命論との関連でみるとよく理解できる。アレントの革命論では、周知のように、自由の構成、共和政の創設という点で、フランス革命よりもアメリカ革命が高く評価されている[1]。この点を、千葉は、「自由と権力との相互補完性がみられただけでなく、共同体形成の権力の性質への洞察がみられた」と評価している（千葉：一三九）。「植民地時代のアメリカにおいて人々が経験したことは、共同の活動を通じて共同体的権力を実際に創出していく経験」であった(一三九頁)。さらに千葉は、「革命のアーレント的パラダイム」について、ポーランドの連帯運動、フィリピン革命、東欧革命など、最近の革命への適用可能性を指摘している。たとえば、東欧革命については、「共産主義の上からのイデオロギー的支配の正統性の論理に対して、民衆による彼らの同意に基づく民主主義的正統性の要求、さらには支配権力の上からの押しつけに対する民衆の下からの共同体的権力の創出の対峙として定式化できる」とされている(一五三頁)。

アレントのいう権力は、要するに「集団に内在する固有の力」(一〇〇頁)なのである。こうしてみると、「権力」という言葉が適切かどうかという問題も出てこよう[2]。power は(政治)権力なのか(政治的な)力なのか——。千葉は、「日本語の『権力』のニュアンスは、英語の“power”よりもはるかに狭く、支配権力と同一視されて理解される傾向にある」し、一方、「日本語の『力』では、英語の“power”のもつ政治的含意が十分に表現しきれないという難点がある」と述べ(二二六頁)、力も権力も訳語としては一長一短があるが、最終的に政治権力という訳語を用いている。このように、訳語の選定は簡単ではない。したがって、訳語についてはこれ以上触れないが、いずれにせよ、アレントの権力=力は人々の共同ということに関わっている。端的には、「集団に内在する力」である。

こうした権力=力の考えに接するとき、われわれ社会学者はごく自然にデュルケムを想起する。

アレントのこの考えはデュルケムとまったく同じではないか――。一見、そう思わせるほど、両者の考えは近い。かくして、両者の異同を正確に見定めるのが、本章の課題となる。訳語問題に戻れば、デュルケムを論じる際には、権力ではなくやはり力という訳語をあてる方がよいだろう。

アレントを位置づけるために力に注目してデュルケムをみていく前に、権力が公共性・公共圏に関係しているというアレントの主張に、改めて注目しておきたい。というのも、公共圏については一般にこれとはまったく逆の事態としてとらえられているからである。この点を、テイラーによってみておこう。「近代の公共圏とは、権力の外部にあることが自覚されている討論空間のことである。権力は公共圏の声に耳を傾けることになってはいるが、公共圏そのものは権力を行使するものではない。近代の公共圏は、この意味で政治の外部に位置づけられており、これが決定的に重要な特徴となっている」(Taylor : 89 = 一二九)。「公共圏は政治の外部に位置づけられるということ、しかも、権力によって語る言説ではなく、むしろ権力について語り、権力に向かって語る理性の言説であるということ」(p.90 = 一三〇頁)が、近代の公共圏の決定的特徴なのである。この立場においては、権力から逃れたコミュニケーションということが前提とされている。では、アレントのとらえ方はなぜこれとは異なるのであろうか。それは、アレントがモデルにしているのは古代ギリシアのポリスであるからだと考えられる。テイラーによれば、古典古代の共和政やポリスにあっては、アゴラ（広場）等で討議が繰り広げられ、民会（エクレシア）で最終的に決定される。「まずは決定機関の外部で人々が討論し、それをもとにして決定機関の内部で同じ人々が議決を下すということ」、これが近代社会との決定的な差異である（p.89＝一二八〜九頁）。アレントのモデルは古代ギリシアであるので、アレントの権力概念も、近代的な公共圏論とは違って、公共性・公共圏と密接に関係していたのである。

2　集合的沸騰と力——デュルケムの場合

デュルケム社会理論を〈制度〉理論として読み解く作業をおこなったわれわれにとって、「力」はキーワードであった（中島 1997）。そして、われわれは〈制度〉の母胎としての集合的沸騰という論点を提示した。その作業のなかで、集合的沸騰を東欧革命との関連で扱っているティリヤキアンの議論にも注目しておいた。このことひとつをみても、アレントの権力＝力概念がデュルケムを彷彿させるという見とおしは、不自然ではないだろう。そこで、迂遠ではあるが、デュルケムの〈制度〉理論について振り返っておこう。

集合的沸騰をキーワードにした、デュルケム〈制度〉理論の位置は、自然／作為というふたつの制度観を念頭に置くとわかりやすい[3]。自然／作為は、制度の妥当性をそれ自身に内在する理念性に求めるか／作為した政治的主体に求めるか、に関わる区別である。したがって、〈妥当性判断の根拠、あるいは、批判可能性〉という軸といえる。〈妥当性判断の根拠〉が自然にある場合、制度の〈批判可能性〉の余地はない。制度を作為する主体という考えがあってはじめて、制度の〈批判可能性〉もでてくる。社会が悪かったらつくり替えればよいという認識なくして、社会学はありえない。作為という観点に覚醒することなしに社会学の成立はありえないのである。したがって、われわれが扱うべき制度はもっぱら作為的なそれである。

制度をとらえるもうひとつの軸として、慣習／合意の対立を導入しよう。これは、「永い間かかって人々のうちで自然発生的に形成されたもの、日常の習俗から次第に整えられて得られる慣習法のような」制度と、「共同社会の成員間の明確な合意によって意思的に制定される、制定法のような制度」との対立である。したがって、〈規範性の源泉、あるいは、成立のプロセス〉という軸と言える。

このふたつの二分法を用いたとき、デュルケムの制度観はどのように位置づけられるだろうか。デュルケムにとって、制度は人間の意志に左右されない独自の実在である。合意したからといって、社会的実在は存在したり消滅したりするわけではない。したがって、デュルケムの制度は、まずは慣習の側でおさえられる。とはいえ、社会的事実は結局のところ人間の活動がモノとなったものである。ここには、作為の契機が見られる。さきほども述べたように、そもそも、社会学であるかぎり、自然の契機が前提となるはずがない。したがって、デュルケムの場合、制度は、慣習プラス作為としてとらえられていることになる。この点はきわめて大事な論点である。というのも、近代法的な思考法は、デュルケムとは対照的に、合意プラス作為で特徴づけられるからである。——自己決定ゆえの自己拘束ということである。

では、近代法的な思考法とは異なるデュルケム的制度観に、はたして意義はあるのか、あるとしたらどこにあるのか——。

慣習を基礎づけることは不可能である。慣習としての制度は基礎づけをもたない。慣習の特徴は、われわれの意志や意図にたいする不透明性である。よくわからないままに従うのが慣習なのである。その意味で、デュルケムは制度の不透明性を指摘している。これにたいして、制度の透明性が近代法的な思考法の特徴であると言えよう。では、透明性ではなく不透明性を取り込んでいることに、はたして意義はあるのか。

じつは、制度の透明性／不透明性という区別は「社会」学的思考法の存在意義そのものと関わっている。オルテガも言うように、「社会的なもの」の本質こそ慣習である。「社会的なもの」の本質は合意プラス作為ではとらえきれないのである。たとえば、なぜわれわれは挨拶をするのか。挨拶をわれわれに強いているものは何なのか。それは、オルテガによれば、社会的力である。この社会的力は慣習を通じて機能する。オルテガにとって、社会は「巨大な慣習の建造物」にほかならない。オルテガはこうした考えを社会学批判として提示した。社会学者はこのことをとらえていない、と。デュルケムも批判の対象であった。しかし、このデュルケム批判は誤解にもとづくものである。制度をとらえるふたつの軸に関連して述べたように、オルテガのデュルケム批判とは対照的に、デュルケムの意義も、まさしくオルテガの言う、この制度の不透明性を指摘したことなのである。

　デュルケムの場合、制度の不透明性の拠ってくるところは集合的沸騰である。集合的沸騰において生まれる集合心理が制度を裏打ちしている。だからこそ、制度は生きている。集合心理は、人びとの意志や意図には還元できないものとして、つまり合意によらないものとしてとらえられている。「集団の中で発生し発達する感情は、純粋に個人的な感情が到達し得ないような勢いをもっているのである。そしてそれを感ずる人は、自己のものではない力によって支配されているという印象を受け、彼を引き回すこの力は彼の自由にならないもので、彼が加わっている全環境は同じ種類の力に満ちているように感ずる」(Durkheim 1924 : 102＝二〇五)。制度の〈規範性の源泉〉が慣習であるという論点は、制度が集合心理に裏打ちされているということにほかならない。

　デュルケムに従えば、人びとの集合的な生きた感情に支えられた活動によって制度は形成されていく。この意味で諸個人こそが制度を形成する。個人の能動性が無視されているわけではない。とはいえ、このとき行為者の能動性は、能動的能動性ではなく受動的能動性によって特徴づけられる。デュルケムの制度は、このように、慣習プラス作為としてとらえられている。

こうした、デュルケム〈制度〉理論を理論的に再構成するための道具立てが、集合力、宗教力、転態、根源的シンボリズムなどである(中島1997：第六章参照)。集合的沸騰という場において最高度に高揚する集合力はアモルフな力であり、自由に浮動し戯れる力である。宗教力とは、アモルフな力としての集合力が具体化され象徴化されたものである。集合力は宗教力に転態するのである。集合力の宗教力への転態は、アモルフであり自由に浮動し戯れる、まったく方向=意味づけられていない力が、方向=意味づけられることである。集合力のうち制度生成に方向=意味づけられた部分が宗教力だと言っていい。この宗教力は、集合的理想から構成されている。根源的シンボリズムとは、集合力を具体化させ象徴化させる作用のことである。転態とは、このシンボリズムのプロセスである。

以上、デュルケム〈制度〉理論について、骨組みだけを再確認しておいた。その基本・出発点となるのが、集合的沸騰で産出される力である。デュルケムはこう述べていた。「ひとたび諸個人が集合すると、その接近から一種の電力が放たれ、これがただちに彼らを異常な高揚の段階に移すのである」(Durkheim 1912：308＝(上)三八九)、と。集合的沸騰においては、社会的相互作用は著しく頻繁に、また活動的になる。そして、情念はあらゆる統制を脱して生き生きとしており、いわば解放＝爆発している。このとき、一人でいるときとはまったく異質な世界が現出する。自己と他者とが一体になった沸騰状態で産出されるこのアモルフな力である集合力こそが、宗教力に転態し制度(＝構造)を産出するのである。デュルケムはこの点を以下のように述べていた。「一つの社会は、それと同時に理想を創造しないでは、自らを創造することも、再創造することもできない」(p.603＝(下)三三四頁)。「理想は発達の頂点に達している時の社会生命を描き要約している諸観念にほかならない」(Durkheim 1924：104＝二〇九)。この点をコムニタス／構造という用語を用いて言えば、「正当な構造は、コムニタスの結晶化であった。その正当性それ自身は、構造化された宇宙における、コムニタスおよびこれが鼓吹する生き生きとした信仰の保持に依存している」(ラカプラ)ということになる(中島1997：四九〜五〇参照)。

デュルケムは、人々が共同することによって生じる力に注目している。この力が発生する場こそ集合的沸騰であり、これが制度を活性化＝再創造させるとともに、新たに創造もさせたのであった。前者については、「未開」社会の儀礼の文脈で主に語られていたし、後者についてはドレフュス事件等が念頭におかれていた。東欧革命等に応用されるのも、この後者の側面であった。

デュルケムをアレントと比較するために、ここで、デュルケムの力の概念の意味あいについて考えていこう。

集合的沸騰において発生する集合力＝宗教力が制度をつくっていく。そして、この力は、アレントの力について言われる、「人間が他者と協力して活動する能力に基礎をもつ、複数の人間からなる集団の能力である。そして、そうした集団の能力としての権力は、集団の成員たち自身の自発的な協力によって創出されるのである」（前出）という考えと、何ら異なるものではない。このことは、これまでのデュルケムからの引用から明らかであろう。この文脈では、デュルケムはアレントにかぎりなく近づくのである[4]。

3　祝祭はアレントのキーワードたりうるか

前節まではアレントとデュルケムの近さを強調してきたが、本節では、石田雅樹のアレント論を検討することをとおして、デュルケムとアレントの遠さを見定めることにしたい。

デュルケムとアレントに関心を寄せる者にとって、石田のアレント論はきわめて興味深い。石田のキーワードは祝祭である。祝祭をキーワードにしてアレントをとらえなおそうとしているのである。石田はデュルケムについて論じているわけではない。註で名前がでてくるだけである。とはいえ、祝祭とは、デュルケムの集合的沸騰とオーバーラップする概念である。であるならば、アレントとデュルケムの異同について手がかりが得られるはずである。――これが出発点での見とおしである。

石田によれば、祝祭とは、「他者との共同性の成立あるいは解体の契機」(石田：iii)、より厳密に言えば、「既存の社会的諸関係の自明性が覆され・再編される、潜在的かつ遍在的な場所」(一六頁)とされている。この定義は、デュルケムの集合的沸騰にも通じるものではないだろうか。ただし、のちにも触れるように、集合的沸騰の場合、「遍在的」という点には少し問題が残る。

デュルケムの場合も、集合的沸騰において、既存の構造・制度がいったん解体され、改めて生気を吹き込んで活性化されるか、あるいはまったく新たな構造・制度が創造されるか、であった。そのもとになるのが、集合力＝宗教力という、まさに共同的な力であったのだ。集合的沸騰というのは、語感的にも祝祭そのものなのである。

このように、デュルケムの集合的沸騰と類似する祝祭をキーワードにしながら、石田はアレントをとらえ直そうとする。

「政治」の根源的形態を古代ギリシアの「ポリス」に求め、その「ポリス」でその民衆へ訴える政治家ペリクレスの姿を「公的領域」の端的事例としたアレントについて、石田は次のように述べている。「しかしながらこのアテナイ民衆へ訴えかけるペリクレスは、ドイツ国民へ訴えかけるアドルフ・ヒトラーの姿と同型であるのではないのか。また他者の前に姿を現し自己が『何者であるか』whoを晒すことが、何らかの合意形成以前にある政治の『活動』であるとしたが、ヒトラーその人こその雄弁によって聴衆を魅了し、『何者であるか』を露わにしたのではなかったのか。そうであるならば、ナチスによって故国を追われたアーレントがなぜこのようなファシズムを匂わせる『政治』の在り方をわざわざ提起したのだろうか。アーレントの政治思想において問われるべき問題は、このような『謎』と表裏一体の関係にある」(ⅱ〜ⅲ)、と。こうした「公共性」(アレントの用語では「公的領域」)や「政治」をとらえるための石田の理論的工夫が祝祭なのである。「『ポリス』を失われた規範として『復権』させるものとしてではなく、われわれの日常生活においてその都度顕現する《祝祭》のようなものとして捉え直すこと。それは『ポリス』の空間が、国会での首相の演説や市民の抗議集会、あるいはコミュニティの再生へ向けた運動のみならず、道端や駅のホームなどで偶然居合わせた者たちのあいだにも生成し得ることを意味している。単なる古代ギリシアへの郷愁ではない、多様な『ポリス』の可能性を提起すること」(ⅳ頁)。――これが石田の狙いである。

このとらえ直しの方向性に、われわれとて異存はない。とはいえ、そもそもアレントは古代ギリシアのポリスを理想視し、それを復権させようとなどしていない。アレントが古代ギリシアにこだわるのは、「人びとがその後にも先にも、政治的な活動様式をこれほど高く評価し、またその領域にこれほどの尊厳を与えたためしはなかったからである」(BPF p.153＝二〇八頁)。したがって、アレントが狙うのは、古代ギリシアのポリスへの郷愁ではなく、現代における(アレント的意味での)政治の復権ということである。であるならば、石田の狙っていることは、アレント思想がそもそも目指していた方向性と言えるのではないだろうか。《祝祭》などをもちださなくても可能な試みではないのだろうか。少なくともわれわれは、複数性、他者、共通の世界などをキーワードとしてアレントをとらえようとするなかで、そうした方向性を目指してきた。そもそも、奴隷や女性に支えられてはじめて市民の活動が可能となっているポリスでのあり方を復権させることなど、不可能であり問題外であろう。

石田の議論をさらに追いかけてみよう。「アーレントが異なる他者と行動をともにする(act in concert)契機と呼ぶものを《祝祭》という言葉によって明示化し、これを、異なる言語空間、異なる価値尺度を有する『他者』とのあいだに、政治という舞台を構築する機会として論じていくことにしたい」(石田：一九)。他者たるかぎりでの他者との、言論と活動による交流こそ、アレントのいう政治のエッセンスであろうから、石田のこの方向性はよい。それに、「異なる他者と行動をともにする契機」とされているものも、さきにみたように、アレントの権力概念の基礎にあるものである。問題は、したがって、《祝祭》をもちだすことによってその方向性がより鮮明になっているかどうかという一点なのである。

《祝祭》によって公共空間を理解することの意義を、石田はこう述べている――。「『演技者』と『見物人』によって構成される演劇的空間性を前提としながらも、それが『制度』として作られた静態的な空間ではなく、異なる『他者』が集合し、共同し、あるいは対峙することによって生成する動態的な場であることを強調するものである。そして、それは単なる約束事として継続されたルーティンワークのようなものではなく、既存の意味秩序の自明性が問い直され、再編され、新たな関係性が創出される契機として理解しようとするものである」、と(二三〜二四頁)。異なる「他者」が集合・共同・対峙することで、既存の意味秩序が問い直され、また新たな関係性が創出される契機としての《祝祭》。これは、そのまま、デュルケムの集合的沸騰にあてはまるものだろう。もちろん、アレントの場合、「異なる『他者』が」、とされているという点が強調されるべきところだ。しかるに、《祝祭》をもちだすことは、その点を取るに足らないものにしてしまうのではないだろうか。祝祭においては、人と人の融合感・一体感こそが得られるのである。デュルケムの集合的沸騰はまさに祝祭、祭りの沸騰状況にほかならない。

祝祭という観点から見ることによって、アレントがより鮮明になったのだろうか？　むしろ、アレントの勘所が曖昧になってしまったのではないか——。

ここで問題にしているのは、祝祭をキーワードにしてアレントをとらえることの意義についてであり、石田の個々のアレント理解を問題にしているのではない。繰り返しになるが、石田がアレント思想における複数性の重要性を無視していると言いたいわけではけっしてない。祝祭をもちだ出すのは、複数性の重要性が曖昧になってしまうが故に、かえってマイナスではないか、ということにすぎない。石田アレント論の問題点は、祝祭をもちだして、アレント思想のいちばんの核である、他者たるかぎりでの他者を取り込んでいる点がかえって曖昧になっていることである。他者とのあいだでなされる活動は、石田の言うように、二者間でも成立するものであり、たしかに「遍在的」である。これにたいして、デュルケムの集合的沸騰の場合、二者のあいだで成立すると言うのには無理がある。こうした意味で、われわれも石田の言う祝祭が、集合的沸騰と同じであると言いたいのではない。註でとはいえ、デュルケムの儀礼論に言及しながら祝祭をキーワードにし、しかも祝祭そのものには十分な定義もなされていないのであるから、このアレント理解の戦略は十分に成功しているとは言いがたい、と言わざるを得ないのではないか。

次節では、アレントとデュルケムを改めて整理しながら、アレントのエッセンスをおさえることにしたい。

4　複数性 vs. 同一性

アレントのキーワードのなかでもとりわけ重要なのが複数性である。この論点と関わらせながら、これまで述べてきたことを整理しておきたい。複数性と集合的沸騰の基底にあるものとの差異をとおして、アレントとデュルケムの差異をとらえておきたいということである。じつは、アレントとデュルケムの差異については、本書でもしばしば触れている(本書第1、4、6章)。

アレントを特徴づけるのは複数性=公共性である。言論と活動によって人と人が結びついている状態としての公共性(=公的領域)、そしてそれを可能にしている複数性が、アレント思想のいちばんの核である。

これにたいして、デュルケムは同一性=共同性によって特徴づけられよう。彼の場合、道徳的個人主義という社会理想を帯びているが故に、各人は人間的人格という点で共通であった。

デュルケムにおいては各人が同じである点が強調されているのにたいして、アレントにおいては各人が違うという点が強調されている。もちろん、デュルケムにおいても、各個人は世界を異なった角度から眺めるようになったことは指摘されているし、とりわけ個人化の行き過ぎによる病理の指摘は、彼の思想の中心でもある。しかし、その病理の克服というときに念頭にあったのは、当時かたちを成しつつあった集合的理想としての道徳的個人主義である。ここで問題にしているのは、ウェイトがどこにあるか、ということである。そして、この道徳的個人主義という集合的理想は集合的沸騰において、すなわち自己と他者とが一体になったまさに沸騰状態において産出されたものにほかならない。この集合的沸騰において、各人が共通であることにウェイトをおいた、道徳的個人主義という、社会の理想がうまれた、とデュルケムはとらえるのである。そしてそれが、個人化の行き過ぎという病理を克服させる。――デュルケムはこのようにとらえていた。

アレントにおいても、各人は平等と差異の両面から特徴づけられていた。――「もし人間が互いに等しいものでなければ、お互い同士を理解できず、自分たちよりも以前にこの世界に生まれた人たちを理解できない。［中略］しかし他方、もし各人が、現在、過去、未来の人びとと互いに異なっていなければ、自分たちを理解させようとして言論を用いたり、活動したりする必要はないだろう」(HC pp.175-6＝二八六頁)。しかし、そのうえで、人間だけがもっているものとして唯一性(uniqueness)が強調されている。それが、複数性が意味していたことである。――「人間の複数性とは、唯一存在(unique beings)の逆説的な複数性である」(p.176＝二八六〜七頁)。この複数性が解体され一者に還元されてしまうのが、全体主義支配の完成態たる強制収容所であったのだ。アレント思想がいかにファシズムを匂わせていると感じられようとも、複数性の主張によってそれとは根本的に異なるのである。

このように、アレントとデュルケムの違いは、複数性＝公共性／同一性＝共同性の差異としてとらえられる。この点は、他者たるかぎりでの他者を取り込みえているかどうかという軸に関わるものである。アレントの公共性をとらえ直すためとはいえ、同一性＝共同性を連想させる祝祭という用語をもちだすと、公共性を支える複数性が曖昧になってしまうのである。

結び

本章では、力＝権力のとらえ方について、アレントとデュルケムは同じスタンスにたっていることを指摘したうえで、石田のアレント論を借りながら、アレントとデュルケムを比較することで、デュルケムとはまったく異なるアレント思想のエッセンスを改めて強調した。

アレントの権力のとらえ方は一見するとデュルケムの力のとらえ方と同じようにみえる。しかし、そのことを認めたうえで、アレントをとらえるためには、デュルケムとの差異こそをとらえきらないといけないのではないだろうか。

アレントをとらえるには、やはり複数性を重視しなければならない。複数性は、アレントの最重要キーワードなのである。このことを、われわれの一連のアレント論とともに、本章でも改めて強調しておきたい。アレントは〈複数性の思想家〉である。

［註］

1　アレント革命論においては、評議会制（council system）への高い評価を見逃すことはできない。評議会制は「革命そのものの過程で構成され組織された自由の新しい公的空間」（OR p.249＝三九九頁）ととらえられているが、その高い評価の根幹にあるのは、「革命は国家と政府の廃止によって終るのではなく、反対に、新しい国家の創設と新しい統治形態の樹立を目的にしていることをはっきりと証明している」（p.261＝四一五〜六頁）点である。

2　権力だけでなく、アレントの政治という概念も常識的な意味合いとは異なっていることは言うまでもない。

3　ここでのデュルケム〈制度〉理論の紹介は、基本的に中島（1997：第八章）に拠っている。なお、〈制度〉は、結晶化・固定化の程度において連続的な層としてとらえられている、デュルケムのいう「社会的なもの」を指している。その点、一般に言われる制度よりは広い。それは、制度を支えているものをもとらえようとするものである。とはいえ、本章ではデュルケム〈制度〉理論そのものは主題ではないので、デュルケム〈制度〉理論とするとき以外は、〈制度〉と制度とを区別していない。また、本章でのデュルケム〈制度〉理論の紹介は、本章の目的に関係した部分のみに限定されており、たとえば、「ホリゾンタルな次元(H次元)」と「ヴァーティカルな次元(V次元)」の区別など、デュルケム〈制度〉理論にとって死活的に重要な論点にも触れていない。

4 じつは、私がアレントに強い関心をもったきっかけは、アレントの権力論に接したときである。これはデュルケムと同じではないか、と思ったものだ。もちろん、アレント論を展開しようと考えたのはそのずっと後のことであるし、一連のアレント論の試みからもわかるように、その問題意識も直接的には権力論ではなく、もっと別の文脈にあった。

[文献]

千葉眞 1996『アーレントと現代――自由の政治とその展望』岩波書店

Durkheim, E., 1924, *Sociologie et philosophie*, 1967, nouv. éd., PUF＝山田吉彦訳 1946『社会学と哲学』創元社

―――― 1912, *Les forms élémentaires de la vie religieuse*, 6 éd., PUF＝古野清人訳 1975『宗教生活の原初形態』(上・下)岩波文庫

石田雅樹 2009『公共性への冒険――ハンナ・アーレントと《祝祭》の政治学』勁草書房

川崎修 2006「権力」、川崎修・杉田敦編『現代政治理論』所収、有斐閣

中島道男 1997『デュルケムの〈制度〉理論』恒星社厚生閣

Taylor, Ch., 2004, *Modern Social Imaginaries*, Duke Univ. Press＝上野成利訳 2011『近代――想像された社会の系譜』岩波書店

第6章

〈公共性〉論の位置

——デュルケム、バウマン、アレント

本章は、デュルケム、バウマン、アレントをとおして〈公共性〉について考えようとするものである。本章の議論の特徴は以下の諸点にある。

整理の軸として、共同性／公共性の区別、親密圏／公共圏の区別を設定する。〈公共性〉を考えるにあたっては、現代社会の位相を考慮することが重要である。

こうした観点から〈公共性〉について考えることは、社会学の歴史について振り返ることでもある。というのも、社会学とは〈共同性〉の有り様を経験的および規範的に探究する学問として定義できるからである(盛山 2011)。したがって、本章の関心は、社会学の位置づけについて二〇世紀と二一世紀というふたつの「世紀の転換期」において比較しながら、社会学の新たな課題を確定することにもある。

1　デュルケム

デュルケムは、一九世紀から二〇世紀への「世紀の転換期」の社会学者たちと同様、近代社会を前近代社会／近代社会の落差のなかでとらえようとした。その際の軸は、デュルケムの場合、個人化の進展ということである。近代化は個人化の進展としてとらえられる[1]。国家の機能が個人の人格の解放とされていることも、この文脈でとらえることができる（Durkheim : 98 = 九八）。国家という普遍的な権力によって個別的諸権力が解体されてはじめて、個人が析出されるのである。職業集団の再建というデュルケムの提言も「再建」ということがポイントである。諸個人を丸ごと抱え込んでいた中間的な諸集団が普遍的な権力によって解体されることは、個人の解放の必然的な契機である。職業集団論は、いわばその後日談としてある。

一方、デュルケムは個人化の行き過ぎによる病理も指摘している。『自殺論』におけるエゴイスムとアノミーがその典型である。この病理を克服するのは個人化を押しとどめることによるのではない。個人化は歴史的な趨勢であり、それを押しとどめることはできない。デュルケムが主張するのは、個人化を枠づける現代的な集合意識の必要性である。それが、社会理想としての道徳的個人主義の主張である。個人化が進展し、今や、社会の構成員の共通性は互いに人間的人格であるということのみである。そうであるならば、人間的人格の尊重という意味での道徳的個人主義が社会をまとめあげる唯一の理想となるだろう。個人化は、道徳的個人主義に掣肘されて初めて近代社会の構成原理たりうる。

こうしたデュルケムの立場は、学説史的にはパーソンズへと流れる系譜にあると言えよう。この系譜は共通価値の重要性を指摘する。「古典社会学」というくくり方もされる立場である。とはいえ、デュルケム＝パーソンズと一体的にとらえることの問題性も指摘しておかなければならない。なぜか――。この点を明らかにするために、デュルケムの道徳的個人主義をリベラル／コミュニタリアン論争を踏まえて位置づけてみよう。デュルケムの立場は、リベラリズムを批判してコミュニタリアニズムに与する(communitarian critique of liberalism)ものではなく、コミュニタリアンの立場からリベラリズムを擁護する(communitarian defense of liberalism)という立場である。個人の人格の尊重を意味する道徳的個人主義は、来るべき唯一の社会理想として位置づけられているのである。その意味で、社会の現存の共通価値を重視するパーソンズとは異なるのである。

そもそも、デュルケムは可能態としての社会、そしてその中核としての社会理想に基本的な視座を据えていた。これは、可能態に立脚し、現実の社会を批判的にとらえる視点である。内在的社会批判(ウォルツァー)の立場と言ってもいい。この点で、デュルケムはコミュニタリアンのM・サンデルの問題意識を先取りしているとも言えよう。サンデルは、特定のある時期の多数派の意見は必ずしも正義ではないとし、「特定の時期の特定のコミュニティの人々を超えた善や正義をどう探求するのか」という課題をたてている(小林：三五七)。デュルケムは可能態としての社会・社会理想に立脚することによって、サンデルの課題を解決しようとしていると言えるし、そのことはパーソンズとは違ったスタンスに立つということにほかならない。

デュルケムによれば、社会学者の役割は、無意識の理想の意識化にあるとされている。こうしたスタンスは「公共哲学としての社会科学」(ベラー)の立場であると言っていいだろう。ベラーによれば、この立場は、哲学とまだ完全には分離していなかったころの社会科学を意識的に更新しようというものである。ここでいう「公共性」とは何だろうか？――それは、公衆を巻き込んで議論しようとする立場である。実際、ベラーたちは『心の習慣』に結実した共同研究において、アメリカ人へのインタビューによってアメリカの個人主義を問い直し、アメリカ人の生き方を問うたのである。そして、この本はベストセラーになった。「公共哲学としての社会科学」という立場は、内田義彦ならば「消費財としての社会科学」と呼ぶことだろう[2]。デュルケムは可能態としての社会理想に立脚しており、安易にパーソンズとともに「古典社会学」の系譜にくくってしまってはならないにせよ、デュルケムが社会理想を重視する立場であることは明らかである。ここで、本書ではすでにお馴染みの共同性＝同一性／公共性＝複数性という軸を改めて提示しよう。これは、社会について共同性／公共性でとらえ、個人について同一性／複数性でとらえるものである。この軸の基本にあるのは、公共性についての次のような考え方である。「公共性は、複数のものが存在していること、そして、それらがたんに併存するのではなく、相互に交渉しあう関係――それはつねに協働だけではなく抗争をも含んでいる――にあることを真剣に受けとめ、それらのいずれかが周辺的なものとして扱われたり、排除されたりすることに抗するところに成立する」(齋藤 2010：ii)。公共性は必然的に複数性に結びつくのである。これが公共性=複数性ということである。これに対して、デュルケムの場合、道徳的個人主義という社会理想によって人々の同一性が確保され、そのことによって社会の共同性が確保されるという立場である。共同性=同一性／公共性=複数性という軸で整理するならば、デュルケムは共同性=同一性によって特徴づけられるのである。

2 バウマン

次に、バウマンについて考えていこう[3]。

バウマンは、社会的=道徳的ととらえるデュルケムを徹底的に批判した。デュルケムは、〈個人を道徳化する力としての社会〉という考えをとっているのにたいして、バウマンは、それではホロコーストをきちんと批判できないという。バウマンの立場は、ホロコースト批判が社会理論の試金石になるということであり、彼は、ミルグラム実験も援用しつつホロコースト論を展開し、そのなかでデュルケムを批判したのである。デュルケムにたいして、バウマンは、〈個人の道徳性を眠らせる力としての社会〉という考えを対置した。

バウマンのこの立場は、個人化を社会＝社会理想によって歯止めをかけるというデュルケムの戦略への批判でもある。このかぎりでは、バウマンにおいては個人化のプラス面が強調されている。バウマンは、デュルケムに対抗して、個人の道徳性を強調した。他者の顔に対面することによる責任＝応答可能性という意味での道徳性の主張である。そして、ポストモダニティとしての現代においては、こうした個人の道徳性の可能性が開花すると主張したのである[4]。バウマンによれば、道徳とは、まずもって選択(choice)をめぐるものであり、選択がなくなれば道徳もなくなる。既存のありように「否」を突きつけうること、別のありようを探すこと、「けっして閉じることのないこと(open-endedness)」が、道徳の特徴なのである。個人の道徳性が開花するということは、社会に掠め取られることのない個人の自由が開花することでもある。

個人の道徳性にとって重要なのは、他者の顔との対面ということである。他者の顔との対面によって、個人は道徳的主体として構成されるのである。この主張は、レヴィナスからの影響によるものである。このように、バウマンの個人の道徳性の主張は、自己に回収されることのない他者を重視することによって可能となっている。この立場は、さきに提示した軸に従えば、同一性／複数性の複数性の側である。バウマンは、同一性の側に立つデュルケムにたいして、複数性の側に立っているのである。

3　現代社会の位相

デュルケムとバウマンには、約一〇〇年の隔たりがある。そこで、近代社会／現代社会の落差を考える必要がある。現代社会学はこの落差を考慮しなければならないのである。社会学は「西欧近代社会の自己認識の学」として誕生した。前近代社会／近代社会の落差を考えることから社会学はスタートしたのである。社会学が「社会の自己認識の学」であるとするならば、現代社会学は、大きく変化している現代社会を近代社会との落差のなかでとらえなければならないだろう。

現在、社会・社会的なものについてさまざまな言説が登場している。「社会の喪失」が言われている(市村・杉田 2005)。また、「反社会」から「非社会」へと移行し、現在は「脱社会」へと向かっているという見方がある(土井 2008：第3章参照)。「社会学」から「個人史」へ、という動きも指摘されている(宇野 2010a：五二)。いずれにせよ、「社会とは何か」の問い直し作業がさまざまなかたちでおこなわれているのが現状である。要するに、安易に「社会」をもちだせないのが現代なのである。

デュルケムは、個人化の独り歩きを社会理想によって歯止めをかけようとした。デュルケムが対処しようとしたものを個人化Ｉと呼ぼう。デュルケムは、個人化Ｉへの対抗策として社会理想による連帯を構想したのである。今や問題になっているのは個人化Ⅱである。これは、連帯の崩壊によってもたらされた。個人化Ⅱに対しては、個人化Ⅰへの対抗策のように、安易に社会をもちだすことはできない。個人化Ⅱには、個人、個人の自由を基軸に据えなければならない。ちなみに、見田宗介は「自由な社会」のオルタナティブは当分存在しえないことを強調していた。——「二〇世紀の経験は、人間の〈自由〉を原理とする社会でない限り、たとえどのような理想と情熱から出発した社会であっても、必ず新しい抑圧のシステムに転化するほかのないことを示した」(見田：四一頁)、と。

デュルケムの道徳的個人主義は量的個人主義／質的個人主義という区分に従えば、前者の量的個人主義である。質的個人主義においては、個人は他との差異によってとらえられるのにたいして、量的個人主義においては、個人は他との類似によってとらえられるからである(作田：一〇一頁)。量的個人主義は平等に力点があり、個人の自由や個性といったことにはつながりにくい。

これにたいしてバウマンは、現代社会の位相を踏まえつつ新たなひとつの道を提示した。彼は、社会ではなく個人に焦点を当てたのである。現代社会の位相は、自他の同位性が跨ぎ越した人類学的差異を封印することはできなくなっているのであり(鷲田：八～一二参照)、現代社会学もこの点を見過ごすことはできない。諸個人の共通性よりも諸個人の差異にこそ、目が向けられるべきである。

バウマンもひとつの「公共哲学としての社会科学」を提示したと言えるであろう。彼自身、みずからの立場を〈道徳的社会学〉〈道徳的良心をもった社会学〉と呼んでいる。彼は、個人の道徳性を拠点にした現代社会批判をおこなったのである。バウマンは、公共性を考えるにあたって、対面を基軸にしていく。これは、複数性に依拠しながら公共性を紡いでいく戦略である。しかし、他者の顔との対面を基軸にして社会の公共性を紡いでいくという立場では、ミクロとマクロの〈あいだ〉を架橋する道筋がなかなか見通しにくいのも確かである。道のりがあまりに迂遠なのである。バウマンの場合、親密圏／公共圏という軸の親密圏しかカバーできていないのではないか、と思わざるをえない。この軸は、「具体的な他者の生／生命への配慮・関心」／「人びとの〈間〉にある共通の問題への関心」(齋藤2000：九二)の区別に関わるものであり、生命への配慮／世界への関心の区別に関わるものである。これは、カバーする範囲に関わるものとも言える。

4　アレント

現代社会学あるいは現代社会理論の種差性は、近代社会／現代社会の落差をとらえていることである。この落差をとらえていなければ、現代社会学・社会理論とは呼ぶことはできないと言っていいだろう。

アレントの意義もこの文脈でとらえることができる。アレント思想のキーワードは、複数性、他者、活動、共通世界等々である。アレントは、他者の現前、つまりは複数性を基軸にして、政治の復権、つまりは自由の復権を主張したのである。このことは、次のような発言に明らかである。「自由は、たんなる解放に加えて、同じ状態にいる他者と共にあることを必要とし、さらに、他者と出会うための共通の公的空間、いいかえれば、自由人誰もが言葉と行ないによって立ち現われうる政治的に組織された世界を必要とした」(BPF p.147＝二〇〇頁)。「自分と同等な、こうした他者なしには、自由は存在しない」(WP S.39＝三〇頁)。そして、公的空間では言論と活動が重要である。「〈現実の世界を生きること〉というのは、〈世界について他の人と語りあう〉というのと根底において同じことである」(S.52＝四一頁)。他者のあいだでの活動によって、リアリティの構築が可能となるのである。

このように、アレントの立場は他者重視の社会理論であると言えよう。自己に回収されない、他者たるかぎりでの他者がきわめて重要である。その意味で、同一性／複数性という軸の複数性の側に立っている。ひいては共同性／公共性という軸の公共性の側に立つことになる。

この点で、とりわけ興味深いのはアレントの判断力論である。アレントが注目したのはなぜカントの『判断力批判』だったのか。それは、「カントが共同体で生活する複数の人間を考慮に入れたのは、この[趣味の]領域だけだった」からである(RJ p.142＝166頁)。「判断力は、それが妥当するために他者の現前に依存する」(BPF p.217＝二九八頁)。判断力は、「他者との潜在的な合意」にかかっている(p.217＝二九八頁)。このように判断力は、共同体、他者の現前、他者との潜在的な合意に関わる議論である。「趣味という活動様式は、この世界が、その効用とかそれにわれわれが抱く重大な利害関心から切り離して、どのように見られ聞かれるべきか、人びとが今後世界のうちで何を見、何を聞くかを決定する。趣味は、世界をその現われと世界性において判断する」(p.219＝三〇〇～一頁)。「拡大された心性」や「コモンセンス」もここに関係するものであった。趣味判断論において問題となっているのは、他者との世界の共有をめぐる問いにほかならないのである。

アレントは、このように、異質な人びとが共通の世界を生きていくという意味での公共性を問うている。アレントにとって、美的判断の世界は公開性の世界、つまり政治の世界であり、したがって趣味判断論が重視された。そこでは、「認識と真理」ではなく「判断と決定」が問題とされている。言論によって「共同体」のよりよきものを求めていくのである。ヘーゲル哲学を論じた竹田青嗣は、アレントについて次のような指摘をしている。「善や美は、『イデア』のように〝実在〟するのではなく、『ほんとう』を創り出そうとする関係のゲームの中でだけ、秩序として創出される。まさしく『自由』の本質がそうであるように」（竹田：二五四）、と。こうした主張の基礎にある竹田のアレント理解は、「欲望と価値が多様かつ多様性をもつこと、その多様な欲望と価値をもった人々が、互いに許容しあい調停しあおうとする中で、はじめて人間は、共同体的な生の原理とは異なった生の本質を、すなわち『自由』という人間の生活の本質を見出す」（二四九頁）、というものである。ヘーゲルにひきつけながらとらえられた竹田のアレント像は、アレントの複数性を十分に踏まえつつ趣味判断論のエッセンスをうまく織り込んでいる。竹田によれば、ヘーゲルとアレントは、一見すると「近代」への評価は正反対であるが、ともに、近代社会が孕む「自由の条件」の危機へのもっとも本質的な異議申し立てをした（二五一～二頁）。いずれにせよ、親密圏／公共圏という軸について言えば、アレントは公共圏の側に立つ。

　アレントは、自由を確保しつつ複数性＝公共性の側、そして公共圏の側にあるものとして位置づけられる。

5　排除の二つの位相

ここまでの議論で、デュルケムvs.バウマン＝アレントという位置づけができることをみてきた。現代社会の位相を考えるならば、同一性＝共同性／複数性＝公共性のうち複数性＝公共性を選び取る必要がある。したがって、現代においては、デュルケムよりもバウマンとアレントに軍配があがる。

では、バウマンとアレントはどちらに軍配があがるのか？　しかし、二者択一でなければならないのだろうか？ ―― 相補的ではないか、というのが本章の立場である。というのも、バウマンとアレントを区別した親密圏／公共圏という軸は、二者択一を迫るものというよりも守備範囲の違い、カバーする範囲の違いであるとも考えられるからである。これは、具体的な他者の生への関心／人びとのあいだにある共通の問題への関心、という区別であった。であるならば、前者が起点(motivation)になって後者へ向かうということがありうるのではないか。アレントの政治・活動概念には一定の排除がともなう。これを漸次〈開く〉ためにはバウマン的契機が必要なのではないか。これは、「境界の描き直し」ということである。まず、この論点を詳しくみていこう。

アレントによれば、自由が可能になり、政治が可能になる公的領域・公的空間そのものがそもそも可能になるには、ひとつの前提条件があった。それは、解放(liberation)ということである。「自由であるためには、人は、生命の必要から自ら自身を解放していなければならない」(BPF p.147＝二〇〇頁)。アレントが念頭においているのは、古代ギリシアの市民と奴隷の区別である。生命の必要から解放されている市民は、家庭の外の公的領域で同じ市民と語りあうのである。「私的生活だけを送る人間や、奴隷のように公的領域を樹立しようとさえしない人間は、完全な人間でなかった」(HC p.38＝六〇頁)。私生活を意味するプライバシーとは「なにものかを奪われている(deprived)状態」を意味したのである。

アレントのこの公／私の区別設定には、ポリス／オイコス、市民／奴隷、男性／女性といった、一連の区別が関わっている。公的領域と私的領域は、政治の領域と家族的領域の区別に対応しているのである(p.28＝四九頁)。ここには排除がともなっている。古代ギリシアにおいて市民であることは、女性や奴隷のように生の必然性に支配されていることから解放されていることが条件となった。ポリスとオイコスの区別にほかならない。女性や奴隷は市民であることから排除されている。この排除を〈排除Ⅰ〉と呼ぼう。

〈排除Ⅰ〉に対しては、これまでも多くの批判がなされてきた。女性や奴隷はポリスの市民ではない。公的領域は〈排除Ⅰ〉に支えられてはじめて可能になっているのである。当然、この点については多くの批判が可能である。アレントの議論が古代ギリシアのポリスを理想視し、女性の排除を前提とするものであるならば、たしかに、アレントを容認することはできない。

しかし、アレントは、古代ギリシアのポリスをそのまま現代にもあてはめようとしているのだろうか？　そんなことはないだろう。女性解放や黒人解放といったその後の展開は、アレントにとっても当然の前提であったはずである。かつては私的領域に閉じ込められていて公的領域からは排除されていたさまざまなカテゴリーの人たちが、歴史の進展につれて公的領域に包摂されていったのである。アレントは古代ギリシアのポリスを理想視していたのではない。

この批判にみられるように、アレントに〈排除Ｉ〉がともなっていることは、周知のことである。だからこそ、この点にたいして批判がなされてきた。たとえば、齋藤純一もこの点を問題にしている。「公共的領域と私的領域とは硬直的な二分法で切断され、両方の境界線を書き換えていく政治の可能性はアーレント自身によって廃棄されている。政治は公共的領域の内部に囲い込まれてしまっているのである」(齋藤 2000：五三～四)、と。これはアレントの限界を突いたものと言えるだろう。齋藤のこの論点は、ポジティブな形では、〈共感〉と〈関心〉を接続する回路が必要だという議論として示されている(齋藤 2004：一～四)。これは、さきほどもみた親密圏／公共圏という軸に関わるものである。齋藤によれば、アレントは「世界」と「生命」を二分法的にとらえているが、これはあまりに硬直した二分法である。これを解くために必要なのは、「アーレントが切り離した『生命の配慮』と『世界への関心』とが互いに接続する回路を理解し、『共感』が『関心』を、『関心』が『共感』を喚び起こす機制を明らかにすることだろう」、というのが、齋藤の主張である。バウマンとアレントは相補的だという本章の主張も、こうした文脈においてなされている。他者の顔への対面による責任＝応答可能性は一方的なもの、無条件のものであった。これがmotivation（起点）になって、世界／生命の境界の描き直しがなされる。世界から排除されていたものが世界のなかへ徐々に取り込まれていくのである。奴隷、女性、黒人などについても、そうであった。排除のこの位相が〈排除Ⅰ〉と呼ぶものである。

女性をポリスから排除してきた古代ギリシアの事例がそのままアレントの理想とした状態だとして語るのはナンセンス以外のなにものでもない。アレントが評価しているのは、ポリスにおける「政治的な活動様式」に対してなのである。――「人びとがその後にも先にも、政治的な活動様式をこれほど高く評価し、またその領域にこれほどの尊厳を与えたためしはなかったからである」（BPF p.153＝二〇八頁）。この「政治的な活動様式」を保持するためには、公／私の区別が前提となる。したがって、何らかの排除があることはたしかである。問題は、この排除の存在を自覚し、排除を成立させている境界のその描き直しの機制を理論的に確保しておくことではないだろうか。

いま問題にしている〈排除Ⅰ〉はわかりやすい。しかし、排除は公／私の境界設定にかかわるものだけなのだろうか――。もうひとつの排除があるのではないか。それを〈排除Ⅱ〉と呼ぶことにしよう。問題はアレントが、そしてアレント解釈者・批判者たちが、この〈排除Ⅱ〉をクリアに論じているかどうかである。〈排除Ⅱ〉を明示化しているかどうか、議論にきちんと組み込んでいるかどうか、である。私は、この点は大いに論じる意味があると思っている。検討に値する重要な問題なのである。アレントの場合、排除の問題が〈排除Ⅰ〉(公／私の境界設定)にかかわるものだけになってしまっているのではないか。アレントにあっては、区別されるべき排除がごた混ぜになってしまっているのではないか。したがって、区別されるべき排除の位相が見えなくなっているのではないだろうか――。排除があるのはよくないと主張したいわけではない。〈排除Ⅱ〉についても、排除があるのは当然だともいえる。繰り返しになるが、排除ということを議論にきちんと組み込んでいるかどうかが問題なのである。

ここで問題にしたいのは、「政治的な活動様式」そのものにともなう排除である。アレント論の例としてあまりふさわしくないかもしれないが、たとえば、イスラム原理主義とアメリカの衝突のような事例はどうとらえたらよいのだろうか。アメリカは「悪の枢軸」としてイラクその他の国を非難していた。これも排除であろう。この辺のことはアレントの議論ではいかにとらえられるだろうか――。もちろん、ここで「政治的な活動様式」と言われているのはアレント的な意味においてであって、一般的な意味での政治的ということではない。したがって、アメリカの「政治的な活動様式」と「悪の枢軸」の「政治的な活動様式」の対立、前者による後者の排除という事態を言おうとしているのではまったくない。全体主義論をみればすぐわかるように、アレントの政治は自由ということと結びついたものである。したがって、アレントからすれば、「悪の枢軸」には「政治的な活動様式」はみられないし、そもそもアメリカにおいてもアレント的な政治が実現されているとは言えないだろう。本書第2章でもみたように、アレント的な意味での政治はどこにでも存在していたわけではないのである。ここで検討したいのは、アレントの言う意味での政治がなされる公共空間とは相容れない政治空間との対立、前者による後者の排除についてである。排除のこの位相が〈排除II〉と呼ぶものである。

6　ムフの闘技的複数主義と〈排除II〉

〈排除II〉の局面の重要性を明らかにしてくれるのがムフの議論である。ムフの闘技的複数主義についての議論を、アレントの複数性・政治・自由をめぐる思想、およびそれにともなうもうひとつの排除をとらえるために援用することにしよう。ムフに拠りながら、闘技の性格を見極め、敵／対抗者の区別の重要性を明らかにすることで、アレントが見落としている排除の問題について明確にしておこう。

ムフは、「政治的なるものの本質と、何ものにも還元不可能な敵対関係(antagonism)の性質とを、十分に把握できていない」として、自由主義思想を批判している。それは、民主政治にとって破壊的帰結をもたらしかねない、というのである(Mouffe 1993 : 1-2＝二)。ムフのこの主張は、シュミットに依拠したものである。シュミットは、民主主義的な政治共同体の同一性が「われわれ」と「彼ら」の境界の線引きの可能性次第であることを強調し、民主主義はつねに包摂と排除の関係を内包していることを強調している。ムフは、シュミットに倣って、政治の本質をとらえているのである。そのとき、自由主義の主要な問題のひとつ、そして民主主義を危機に陥れる問題は、まさにそうした境界を概念化することができないことにある、という認識がでてくる。自由主義言説の中心概念である「人類」などは、そうした問題の現れである(Mouffe 2000 : 43＝六九)。

シュミットの重要な論点は、政治における友／敵関係の枢要性ということである(Mouffe 1993 : 2＝四)。ムフは、これを踏まえて、みずからの立場を闘技的複数主義(agonistic pluralism)と呼ぶ。ムフとシュミットの関係をとらえるポイントは、ムフが、抗争性(antagonism)は友／敵の対立という形態をとるばかりではなく、他の仕方でも表現されうると考えている点である。ここで、ムフは二種類の抗争性を区別する。抗争性そのもの(antagonism proper)――複数の敵、つまり共通の象徴空間(common symbolic space)をもたない者のあいだに生じる――と、闘技性(agonism)――敵同士の関係ではなく、対抗者(adversaries)のあいだの関係――との区別である。そして、対抗者こそが現代の複数主義的な民主主義政治の種差性を描くうえでの鍵だとされる(Mouffe 2000 : 13＝二一〜二二)。

ムフの立場は、民主主義には何らかの「同質性」が必要だというシュミットの議論を認めたうえで、彼のジレンマを拒否するものである。ムフの戦略は、「シュミットとともに思考することによって、シュミットに抵抗していくこと」(Mouffe 1993 : 2＝四)である。それは、シュミットが「同質性」として言及したものを、いかにして異なる仕方で想像するかということである。ムフが工夫するのは、「デモス」を構成するにたる強力な形態の共通性を、ある種の複数主義と両立可能な仕方でいかに構想するか、という点である(Mouffe 2000 : 55＝八六〜七)。それが、敵(enemy)と対抗者(adversary)の区別である。この主張のポイントは、敵のカテゴリーを民主的な「ゲームのルール」を受容しない人々、そうすることで政治共同体から自分たちを排除する人々に限定している点にある(Mouffe 1993 : 4＝八)。ムフによれば、民主主義政治は、権力と排除の軌跡を消去しようとするのではなく、それらを前面へと引きだし、可視化することによって、異議申し立ての地勢へと入ることを可能にするものである。民主主義政体における対立と衝突は、不完全性の徴であるどころか、民主主義が生きており、多元主義のうちに宿っていることを示すものである(Mouffe 2000 : 33-4＝五二〜三頁)。

こうした立場から、討議アプローチの欠点のひとつについても指摘されている。それによれば、討議アプローチは、公的領域の有効性を措定し、そこでは権力が消去され合理的合意が実現可能だとみなしているために、価値の複数性にともなう抗争性(antagonism)の位相およびその除去不可能性を認めることができないことにある。その結果、政治的なものの種差性を見逃し、道徳の特殊な領域としてのみとらえてしまうことになる(Mouffe 2000 : 98-9＝一五二〜三)。

ムフによれば、政治が道徳の作用領域において実践されるならば、敵対性(antagonisms)は闘技的な(agonistic)形態をとることができない。敵対者(opponents)が政治用語ではなく道徳用語で定義されるとき、「対抗者」ではなく「敵」とみなされてしまうのである。「悪しき彼ら」とはいかなる闘技的な討論も不可能であり、ただ抹殺されなければならない。友／敵型の政治モデルは乗り越えられたとする主張が、政治の敵対モデルを時代遅れのものと宣告しておきながら、その再生の条件をつくりだしてしまったのは皮肉な事態である。ポスト政治の立場は、活発な闘技的公共圏(agonistic public space)の形成を妨げることで、「彼ら」を「道徳的なもの」、つまり「絶対的な敵」とみなすことになり、それによって、民主主義の制度を危険に晒しかねない敵対性(antagonisms)の出現を促しているのである(Mouffe 2005 : 76 = 一一四～五)。政治的境界線の不在は、政治的成熟の表徴ではけっしてなく、民主政治を危殆に陥れる空洞化の徴候なのである(Mouffe 1993 : 5 = 一二)。こうした立場から、ムフは現代の状況をたいへん憂慮している。民主主義が危機に陥るのは、「アンダークラス」としての地位にある諸集団がことごとく周縁化されていき、現実にそれらの集団が政治共同体の外部へと排除されていく場合である(p.6 = 一二頁)。現実に、新種の反民主的な政治的アイデンティティを掲げる極右勢力の台頭が著しいのである(pp.5–6 = 一一頁)[5]。

以上のように、ムフの闘技的複数主義は、「政治的なもの(the political)」の位相——抗争性の位相——を承認し、「政治(politics)」が敵意の馴致と人間関係のうちに存在する潜在的な抗争性の緊張を和らげることのうちにあると理解してはじめて、民主主義にとっての中心的な課題について問うことができるとする立場である。それによれば、民主主義の目新しさはわれわれ/彼らの対立を克服することにあるのではなく——それはひとつの不可能性である——、異なる方法においてそれを確立することにある。つまり、われわれ/彼らの区別を複数主義的な民主主義と両立する仕方で確立することである。それは、「彼ら」をもはや破壊されるべきひとつの敵としてではなく、ひとつの

「対抗者」として知覚されるような仕方で構築することである(Mouffe 2000 : 101＝一五六〜七頁)。

最後に、ムフの立場をポストモダンの多元主義との対比でおさえておこう。ムフは次のように述べている——。「民主主義的な多元主義の政治においては、所与の社会で形成される要求のすべてを正当なものと捉えるべきだとは考えない。私が提唱する多元主義においては、闘技的な討論をなすものとして受け入れられるべき要求と、そうではなく除外すべき要求を区別することを必要とするのである。民主主義的社会においては、基礎となる制度を疑問に付す者を正当な対抗者とみなすことはできない。闘技的な方法はあらゆる差異を包摂することや、排除のあらゆる形態を乗り越えることを求めたりしない。しかし排除は道徳的観点ではなく政治的観点において捉えられる。いくつかの要求が排除されるのは、それらが『悪』と宣言されるからではなく、民主主義政治の連合体を構成する制度に挑戦するからなのである。なるほどこれらの制度の本質そのものも闘技的な討論の対象である。とはいえこのような討論が起こるためには、共有される象徴空間の存在が必要なのである。[中略]民主主義は『対立をはらむ合意形成』——万人に対する自由と平等という倫理的政治的な価値についての合意形成と、その解釈をめぐる不同意——を必要とすると論じたさいに言わんとしたのはこのことなのである。それゆえに、これらの価値観を無条件に拒絶する者と、それらを受け入れたうえで、たがいに対立する解釈をめぐって闘う者のあいだには線が引かれるべきである(Mouffe 2005：120–1＝一七九～八〇、傍点引用者)。長い引用となったが、ここに、ムフの主張、そしてわれわれの立場にとっての大事な〈排除Ⅱ〉の論点が出ている。

アレントをいかすためには〈排除Ⅱ〉があることをはっきりと認識しておくことが必要である。生の必然性に支配されているのではないが、言論と行為の土俵にのぼってこない者の存在——。このカテゴリーが存在していることをわれわれは認識しなければならない。ここでの排除はやはり〈排除Ⅰ〉とは区別すべきだろう。それは、アレントの言う意味での政治がなされる公共空間とは相容れない政治空間との対立、前者による後者の排除である。政治的な言論空間が存在するためには、ムフが明らかにしたこうした排除、すなわち〈排除Ⅱ〉が必然である。そのことを明示しておくために、ムフの議論を参照しつつアレントのもうひとつの限界を指摘しておいた。

結び

本章は、デュルケム、バウマン、アレントを、〈公共性〉論のなかに位置づけ、三者の関係をそのなかでとらえようとした。その際、三者を整理する軸として有効だったのが同一性＝共同性／複数性＝公共性であった。そして、現代社会の位相を考えると、そのうちの複数性＝公共性が重視されなければならないことが主張された。〈公共性〉論の文脈においては、デュルケムはどうしても否定的にとらえざるをえない。デュルケムが格闘した時代の問題と現代の問題とは違うので、デュルケムのような古典が現代の問題に直接的に解答を与えてはくれないということは、いわば当然である。とはいえもちろん、(ここまで否定的に描いてきた)デュルケムのプロブレマティークが現代において無意味であるわけではけっしてない。立場によってはそこに現代的意義をみることも十分可能である。ただし、その場合でも、ある限定が必要だろう。

そのことを、ロザンヴァロンの「政治的なもの」(「政治」とは区別されている)のとらえ方をとおしてみていこう。ロザンヴァロンの「政治的なもの」というのは、社会での人々のさまざまな言説や活動を意味づける、全体的な枠組みだと言っていい(宇野 2010b : 二九六〜三〇一)。とするならば、この「政治的なもの」とデュルケムの社会理想のゆるやかな相同性が指摘できるのではないだろうか。デュルケムの社会理想も、社会全体の解釈枠組みと言ってもそう大きく外れることはないと言ってよいだろう。ロザンヴァロンとデュルケムのあいだに相同性がみてとることができるにしても、ロザンヴァロンの場合、やはり現代社会の位相を見据えた議論がなされていることがわかる。「政治的なもの」の暫定的な性格が強調されているのである。社会全体に関わることついては、このように、現代においては、至るところで論争や異議申し立てがなされる可能性がある。緊張と不確実性に開かれているのである(二九八頁参照)。このことを考慮しておかなければならないのである。本書では、デュルケムはたしかに否定的に描かれた。しかし、それは、あくまでも本書の関心からする、限定的な評価にすぎない。デュルケムは、道徳的個人主義にみられるように、社会をトータルにおおう規範的なもの(社会理想)が存在するという立場である。この規範的なものについて、デュルケム自身は「わが国の道徳的統一を確立する唯一の信条体系」だと考えていた。デュルケムのこのプロブレマティークは、デュルケムの時代には有効であっただろう。しかし、ロザンヴァロンに触れながらうえでみてきたことは、この規範的なものは、現代においては、もっと脆弱で偶然的なものとしてあるしかないということである。デュルケムの系譜に立つ場合でも、このような修正が必要なのである。

さて、冒頭で、社会学は〈共同性〉の学であり、本章の試みは社会学の歴史を振り返ることでもあると述べておいた。最後にこの点に触れることにしよう。盛山知夫によれば、社会学は社会について、〈共同性〉の有り様を経験的および規範的に探究する学問である(盛山2011：二六一)。ただし、〈共同性〉が何であるか、前もってわかっていることではない。それは、社会学にとっての探究課題である(四九頁)。いずれにせよ、端的に言って、「社会学は共同性という価値に志向した秩序構想の学である」（二六一〜二頁）。とすれば、本章が主張したのは、この〈共同性〉をめぐって、現代社会の位相との関連を考慮に入れれば、狭義の共同性ではなく公共性が取り込まれる必要がある、ということになろう。これが、同一性＝共同性／複数性＝公共性という軸に関連させて述べたことであった。この点で、デュルケムは否定的にとらえられ、アレントが評価されることになったのである。アレントは現代社会の位相をとらえていた。このことは、アレントが現代社会の〝事実〟を説明しているということではない。自他の差異を前提にして、秩序を規範的に構想するひとつのモデルを提供しているということなのである。

本章の問題は、そして本書全体で問題にしたのは、より一般的には、他者と共同体、あるいは〈他者から成る共同体〉という問題だと言えるだろう。この問題を考えるうえで、複数性を主張するアレントが重要な位置を占めていることは、十分に明らかになったのではないだろうか。現代社会学にとって、〈複数性の思想家〉アレントは大きな意義を有しているのではないだろうか。

［註］

1 デュルケムを個人化との関連でとらえる以下の議論については、中島（2008）参照。そのほか、本節の議論は中島(1997; 2001)が述べたことを踏まえている。

2　内田義彦によれば、文学作品は、最終消費者である一般の人々に選ばれ消費される消費財であり、そのことによって人間を変容させるという生産的機能を果たしているが、社会科学はそうではない。直接に人々の消費にあてられる消費財ではなく生産財である社会科学は、社会科学的思考を国民に根づかせることがない。内田は、社会科学の現状をこのようにとらえ、社会科学も文学と同様に生産的機能を果たすためには「消費財としての社会科学」になることが求められることを、『作品としての社会科学』(1981年)というタイトルの著作で示そうとした(鈴木：一六九〜七〇)。

3　バウマンについては中島(2009)を参照。

4　その後、バウマンは現代社会批判の側面を強め、リキッド・モダニティとしての現代社会を批判的に分析するようになった。

5　齋藤純一も、単なる格差ではなく社会の分断が現代の問題であることを指摘している(齋藤 2008：一二九)。

〔**文献**〕

土井隆義 2008『友だち地獄』ちくま新書

Durkheim, E., 1950, *Leçons de sociologie*, PUF, 1969＝宮島喬・川喜多喬訳、1974『社会学講義』みすず書房

市村弘正・杉田敦 2005『社会の喪失』中公新書

小林正弥 2010『サンデルの政治哲学――〈正義〉とは何か』平凡社新書

Mouffe, Ch., 1993, *The Return of the Political*, Verso＝千葉・土井・田中・山田訳、1998『政治的なるものの再興』日本経済評論社
——2000, *The Democratic Paradox*, Verso, 2009＝葛西弘隆訳 2006『民主主義の逆説』以文社
——2005, *On the Political*, Routledge, 2005＝酒井隆史・篠原雅武訳 2008『政治的なものについて』明石書店
見田宗介 1996『現代社会の理論——情報化・消費化社会の現在と未来』岩波新書
中島道男 1997『デュルケムの〈制度〉理論』恒星社厚生閣
——2001『エミール・デュルケム——社会の道徳的再建と社会学』東信堂
——2008「エゴイスムとアノミー——E・デュルケム『社会分業論』『自殺論』」、井上・伊藤編『社会の構造と変動』所収、世界思想社
——2009『バウマン社会理論の射程——ポストモダニティと倫理』青弓社
齋藤純一 2000『公共性』岩波書店
——2004「共感／憐れみ／連帯——感情と政治の間」『思想』No. 958
——2008『政治と複数性』岩波書店
——2010「まえがき」、齋藤編『公共性の政治理論』ナカニシヤ書店
作田啓一 1981『個人主義の運命——近代小説と社会学』岩波新書
盛山和夫 2011『社会学とは何か』ミネルヴァ書房

―― 2012「公共社会学とは何か」、盛山和夫・上野千鶴子・武川正吾編『公共社会学［1］リスク・市民社会・公共性』所収、東京大学出版会
鈴木信雄 2010『内田義彦論 ―― ひとつの戦後思想史』日本経済評論社
竹田青嗣 2009『人間の未来 ―― ヘーゲル哲学と現代資本主義』ちくま新書
宇野重規 2010a『〈私〉時代のデモクラシー』岩波新書
―― 2010b「政治が社会的紐帯を語るとき」、宇野編『つながる ―― 社会的紐帯と政治学』風行社
鷲田清一 2010「市民が『市民』になるとき ――『市民』の概念をめぐる試論」『アステイオン』№72

アレントの著作

【OT】1951, *The Origins of Totalitarianism*, Harcourt, 1976（なお、邦訳書『全体主義の起原』（全三巻）は主としてドイツ語版（EUTH）を底本としている。）

【EUTH】1955, *Elemente und Ursprünge totaler Herrschaft*, Piper, 2011（大久保和郎訳『全体主義の起原１　反ユダヤ主義』みすず書房、1981年；大島通義・大島かおり訳『全体主義の起原２　帝国主義』みすず書房、1981年；大久保和郎・大島かおり訳『全体主義の起原３　全体主義』みすず書房、1981年）（なお、この邦訳書は主としてドイツ語版［1955年版］を底本としている。）

【HC】1958, *The Human Condition*, University of Chicago Press, second edition, 1998（志水速雄訳『人間の条件』ちくま学芸文庫、1994年）

【RV】1959, *Rahel Varnhagen*（大島かおり訳『ラーエル・ファルンハーゲン』みすず書房、1999年）

【OR】1963, *On Revolution*, Penguin Books, 1990（志水速雄訳『革命について』ちくま学芸文庫、1995年）

【EJ】1965, *Eichmann in Jerusalem : A Report on the Banality of Evil*, Penguin Books, 2006（大久保和郎訳『イェルサレムのアイヒマン』みすず書房、1969年）

【MDT】1968, *Men in Dark Times*, Harcourt（阿部齊訳『暗い時代の人々』ちくま学芸文庫、2005年）

【BPF】1968, *Between Past and Future*, Penguin Books, 2006（引田隆也・齋藤純一訳『過去と未来の間』みすず書房、1994年）

【LM】1971, *The Life of the Mind*, Harcourt, One-volume Edition, 1978（佐藤和夫訳『精神の生活』上・下、岩波書

店、1994年）

【CR】1972, *Crises of the Republic*, Harcourt Brace & Company（山田正行訳『暴力について ―― 共和国の危機』みすず書房、2000年）

【LKPP】1982, *Lectures on Kant's Political Philosophy*, University of Chicago Press, 1992（浜田義文監訳『カント政治哲学の講義』法政大学出版局、1987年）

【WP】1993, *Was ist Politik?*, Piper（佐藤和夫訳『政治とは何か』岩波書店、2004年）

【EU】1994, *Essays in Understanding 1930-1954*, Schocken Books（齋藤純一・山田正行・矢野久美子訳『アーレント政治思想集成』1・2、みすず書房、2002年）

【RJ】2003, *Responsibility and Judgment*, Schocken Books（中山元訳『責任と判断』筑摩書房、2007年）

※邦訳書は大いに参考にさせていただいたが、原文を参照して訳文を適宜変更しているところがある。

あとがき

ハンナ・アレント(1906〜1975)の生涯は波乱に富んだものであった。

アレントは、ドイツ北部のハノーファーで、ユダヤ人の両親のもとに生まれた。マールブルク大学の学生時代にはハイデガーと出会っている。その後、ハイデルベルク大学に移り、1928年、ヤスパースの指導のもとアウグスティヌスで学位論文を書いた。1933年1月にはヒトラーが政権を掌握する。非合法の活動に関与していたアレントは、同年7月、ゲシュタポに逮捕される。運よく出獄できた後の8月、ナチスの迫害から逃れるために、パリに辛うじて脱出した。1941年にはアメリカに渡っている。そして、『全体主義の起原』をはじめとして旺盛な執筆活動をおこなった。1961年には、前年アルゼンチンでイスラエルの諜報機関によって逮捕された、ナチス親衛隊の将校であったアイヒマンの裁判を傍聴し、雑誌『ニューヨーカー』に記事を連載した。それをまとめたのが『イェルサレムのアイヒマン』である。これが大きな波紋を拡げることになる。

本書ではアレントの生涯についてはほとんど触れていない。それは、本書が設定した問題がそうしたこととはさほど切り結ぶことがなかったからにすぎない。とはいえ、アレントがユダヤ人であることは、彼女の知的営為に大きな影響を与えていることは間違いないところだろう。

二〇一三年の秋、マルガレーテ・フォン・トロッタ監督の映画『ハンナ・アーレント』が日本で一般公開された。たいへんな人気だったようである。

この映画では『イェルサレムのアイヒマン』周辺のアレントに焦点が当てられている。この本は「凡庸な悪」あるいは「悪の陳腐さ」というフレーズで有名である。この本についても、本書では中心的に扱ってはいない。引用があるのみである。だが、もちろん、本書の関心からまったく外れるというわけではない。本書の関心である複数性という論点は、『精神の生活』の第1部「思考」において論じられた「一者のなかの二者」と直接的に関係している。したがって、「思考」あるいはその反対の「思考しないこと」についても関係しており、「凡庸な悪」ということに関わってくるものである。アレントは、悪と思考(思考しないこと)との関連について考えようとしたのである。したがって、射程内であるのに本書でこれについて論じなかったのは、未完の大作『精神の生活』に正面から取り組むだけの準備ができていなかったから、というのが正直なところである。

ところで、映画はなぜ流行ったのだろうか？ 映画のテーマは思考あるいは思考しないことであると思われる。では、思考の危機を感じた人びとが映画館に駆けつけたのだろうか？ そうかもしれない。新聞の論壇時評などにも、この映画に触れながら「凡庸な悪」という言葉があった。いや、溢れていた。であれば、思考とは遠ざかるような気がしないではない。

現在の日常には、怒りが充満しているように思われる。ヘイトスピーチなどはその典型であろう。たしかに、怒りは思考につながることもある。怒りから思考に進んでいくのである。しかし、ヘイトスピーチなどにみられる日常への怒りは、日常への埋没と同様、思考とは対立するものであろう。

われわれの日常生活に深く食い込んでいるインターネット空間についても少しみておこう。バウマンがおもしろい見方をしている。彼によれば、現代消費社会は需要がまずあって売り物を引き出すのではなく、売り物に駆動される需要(offer-driven demand)として特徴づけられるが、ネットの世界もこれと同様だと言う。たくさんの答えがまずあって、それらが問いをなんとか見つけようとしているという。答えに駆動される問い(answer-driven question)ということである(Bauman, Z.

and L. Donskis, *Moral Blindness : The Loss of Sensitivity in Liquid Modernity*, Polity, 2013, pp.152-53)。問いに促されて答えをなんとか出していこうとする営為が思考だとすると、ネットの世界は、答えはすでにあってそれに見合う問いをあとから見つけていく世界である。この場合、思考はなかなか成立しがたいのではないか。「いいね！」や「ＲＴ」といったことを念頭におけばよいであろう。

このように、思考の危機に気づかされる事態はわれわれの周囲に満ちている。であるならば、本書では論じ残した『精神の生活』に代表される著作群の意義についてきちんと検討していくことは、大事な課題となるであろう。

私のアレントへの最初の関心は、デュルケム社会理論を〈制度〉理論として読み解く作業をおこなっていた頃にまでさかのぼる。本書第５章で論じたように、デュルケムの言う力とアレントの言う権力の近しさに気づいたからである。その頃からアレントは気になる思想家であった。しかし、アレント論を集中的にやろうと思ったのは、「はじめに」でも述べたように、バウマン論を展開しているときであった。私のバウマン論はデュルケムとの関連を意識しながら展開したので、本書でのアレント論は、デュルケムとバウマンとを意識しながらおこなうことになった。

本書の初出等は以下のとおりである。

第1章　「世界への愛――ハンナ・アレントを読む」『奈良女子大学　社会学論集』第16号、2009年
第2章　「アレントにおける政治・自由・他者」『奈良女子大学　社会学論集』第18号、2011年
第3章　「アレントの趣味判断論――共通世界と他者」『奈良女子大学　社会学論集』第17号、2010年
第4章　書き下ろし
第5章　書き下ろし
第6章　書き下ろし

最後の3章は書き下ろしとはいえ、すべて口頭報告はおこなっている。第4章、第5章については、大学院時代の先輩・同輩たちとおこなっている研究会において、それぞれ、２０１２年、２０１０年に報告した。とても厳しいコメントをいただく先輩・同輩諸氏に感謝したい。第6章のもとになっているのは、関東社会学会の２０１１年度大会のシンポジウムに招かれておこなった報告である。関係者の方々に感謝したい。なお、最初の3章についても初出論文に加筆訂正をしている。

今回もまた東信堂にお世話になった。『エミール・デュルケム —— 社会の道徳的再建と社会学』以来である。デュルケムについてのこの入門書をなんとか書きあげたことによって、私は新たな研究対象に移ることができた。本書もまた、戦線を拡大する重要な契機となってくれることを願っている。下田勝司氏に厚くお礼を申しあげたい。

二〇一五年一月

中島道男

[著者紹介]
中島 道男(なかじま　みちお)
1954年　島根県生まれ
1977年　京都大学文学部卒業
1981年　京都大学大学院文学研究科博士課程中退
現在　奈良女子大学文学部教授
専門は理論社会学・社会学説史
著書に『デュルケムの〈制度〉理論』(恒星社厚生閣、1997年)、『エミール・デュルケム――社会の道徳的再建と社会学』(東信堂、2001年)、『バウマン社会理論の射程――ポストモダニティと倫理』(青弓社、2009年)、翻訳書にバウマン『廃棄された生』(昭和堂、2007年)など

ハンナ・アレント――共通世界と他者

2015年1月31日　初版　第1刷発行　〔検印省略〕
定価はカバーに表示してあります。

著者©中島 道男／発行者 下田勝司　印刷・製本／中央精版印刷

東京都文京区向丘 1-20-6　郵便振替 00110-6-37828　発行所
〒113-0023　TEL(03)3818-5521　FAX(03)3818-5514　株式会社 東信堂

Published by TOSHINDO PUBLISHING CO., LTD.
1-20-6, Mukougaoka, Bunkyo-ku, Tokyo, 113-0023, Japan
E-mail : tk203444@fsinet.or.jp　http://www.toshindo-pub.com

ISBN978-4-7989-1274-5 C3036 © Michio NAKAJIMA

東信堂

（シリーズ　社会学のアクチュアリティ：批判と創造　全12巻＋2）

クリティークとしての社会学—現代を批判的に見る眼　西原和久・宇都宮京子 編　一八〇〇円

都市社会とリスク—豊かな生活をもとめて　藤田弘夫・浦野正樹 編　二〇〇〇円

言説分析の可能性—社会学的方法の迷宮から　佐藤俊樹・友枝敏雄 編　二〇〇〇円

グローバル化とアジア社会—ポストコロニアルの地平　新津晃一・吉原直樹 編　二三〇〇円

公共政策の社会学—社会的現実との格闘　武川正吾・三重野卓 編　二〇〇〇円

社会学のアリーナへ—21世紀社会を読み解く　友枝敏雄・厚東洋輔 編　二一〇〇円

モダニティと空間の物語—社会学のフロンティア　吉原直樹・斉藤日出治 編　二六〇〇円

（地域社会学講座　全3巻）

地域社会学の視座と方法　似田貝香門 監修　二五〇〇円

グローバリゼーション/ポスト・モダンと地域社会　古城利明 監修　二五〇〇円

地域社会の政策とガバナンス　岩崎信彦・矢澤澄子 監修　二七〇〇円

（シリーズ世界の社会学・日本の社会学）

タルコット・パーソンズ—最後の近代主義者　中野秀一郎　一八〇〇円

ゲオルグ・ジンメル—現代分化社会における個人と社会　居安正　一八〇〇円

ジョージ・H・ミード—社会的自我論の展開　船津衛　一八〇〇円

アラン・トゥーレーヌ—現代社会のゆくえと新しい社会運動　杉山光信　一八〇〇円

アルフレッド・シュッツ—主観的時間と社会的空間　森元孝　一八〇〇円

エミール・デュルケム—社会の道徳的再建と社会学　中島道男　一八〇〇円

レイモン・アロン—危機の時代の透徹した警世家　岩城完之　一八〇〇円

フェルディナンド・テンニエス—ゲマインシャフトとゲゼルシャフト　吉田浩　一八〇〇円

カール・マンハイム—時代を診断する亡命者　澤井敦　一八〇〇円

ロバート・リンド—アメリカ文化の内省的批判者　園部雅久　一八〇〇円

アントニオ・グラムシ—『獄中ノート』と批判社会学の生成　鈴木富久　一八〇〇円

費孝通—民族自省の社会学　佐々木衞　一八〇〇円

奥井復太郎—都市社会学と生活論の創始者　藤田弘夫　一八〇〇円

新明正道—綜合社会学の探究　山本鎭雄　一八〇〇円

米田庄太郎—新総合社会学の先駆者　中久郎　一八〇〇円

高田保馬—理論と政策の無媒介的統一　北島滋　一八〇〇円

戸田貞三—家族研究・実証社会学の軌跡　川合隆男　一八〇〇円

福武直—民主化と社会学の現実化を推進　蓮見音彦　一八〇〇円

〒113-0023　東京都文京区向丘 1-20-6　TEL 03-3818-5521　FAX03-3818-5514　振替 00110-6-37828
Email tk203444@fsinet.or.jp　URL:http://www.toshindo-pub.com/

※定価：表示価格（本体）＋税

東信堂

豊田とトヨタ―産業グローバル化先進地域の現在	丹辺宣彦・岡村徹也・山口博史 編著	四六〇〇円
社会階層と集団形成の変容―集合行為と「物象化」のメカニズム	丹辺宣彦	六五〇〇円
日本コミュニティ政策の検証―自治体内分権と地域自治へ向けて	山崎仁朗編著	四六〇〇円
現代日本の地域分化―センサス等の市町村別集計に見る地域変動のダイナミックス	蓮見音彦	三八〇〇円
地域社会研究と社会学者群像―社会学としての闘争論の伝統	橋本和孝	五九〇〇円
「むつ小川原開発・核燃料サイクル施設問題」研究資料集	舩橋晴俊・金山行孝・茅野恒秀 編著	一八〇〇〇円
組織の存立構造論と両義性論―社会学理論の重層的探究	舩橋晴俊	二五〇〇円
新版 新潟水俣病問題―加害と被害の社会学	飯島伸子・舩橋晴俊 編	三八〇〇円
新潟水俣病をめぐる制度・表象・地域	関礼子	五六〇〇円
新潟水俣病問題の受容と克服	堀田恭子	四八〇〇円
公害被害放置の社会学―イタイイタイ病・カドミウム問題の歴史と現在	飯島伸子・渡辺伸一・藤川賢 編	三六〇〇円
階級・ジェンダー・再生産―現代資本主義社会の存続メカニズム	橋本健二	三二〇〇円
市民力による知の創造と発展―身近な環境に関する市民研究の持続的展開	萩原なつ子	三二〇〇円
自立支援の実践知―阪神・淡路大震災と共同・市民社会	似田貝香門編	三八〇〇円
〔改訂版〕ボランティア活動の論理―ボランタリズムとサブシステンス	西山志保	三六〇〇円
自立と支援の社会学―阪神大震災とボランティア	佐藤恵	三二〇〇円
個人化する社会と行政の変容―情報、コミュニケーションによるガバナンスの展開	藤谷忠昭	三八〇〇円

〈大転換期と教育社会構造：地域社会変革の社会論的考察〉

第1巻 教育社会史―日本とイタリアと	小林甫	七八〇〇円
第2巻 現代的教養Ⅰ―生活者生涯学習の地域的展開	小林甫	六八〇〇円
第2巻 現代的教養Ⅱ―技術者生涯学習の生成と展望	小林甫	六八〇〇円
第3巻 学習力変革―地域自治と社会構築	小林甫	近刊
第4巻 社会共生力―東アジアと成人学習	小林甫	近刊

〒113-0023 東京都文京区向丘 1-20-6 TEL 03-3818-5521 FAX03-3818-5514 振替 00110-6-37828
Email tk203444@fsinet.or.jp URL:http://www.toshindo-pub.com/

※定価：表示価格（本体）＋税

東信堂

ハンス・ヨナス「回想記」	H・ヨナス　盛永・木下・馬渕・山本訳	四八〇〇円
責任という原理―科学技術文明のための倫理学の試み（新装版）	H・ヨナス　加藤尚武監訳	四八〇〇円
原子力と倫理―原子力時代の自己理解	Th・リット　小笠原道雄編	一八〇〇円
生命科学とバイオセキュリティ―デュアルユース・ジレンマとその対応	四ノ宮成祥　河原直人編著	二四〇〇円
バイオエシックス入門〔第３版〕	今井道夫　香川知晶編	二三八一円
バイオエシックスの展望	坂井昭宏　松浦悦子編著	三二〇〇円
医学の歴史	今井道夫　石渡隆司監訳	四六〇〇円
死の質―エンド・オブ・ライフケア世界ランキング	丸祐一・小野谷　加奈恵・飯田亘之訳	一二〇〇円
生命の神聖性説批判	H・クーゼ著　飯田・石川・小野谷・片桐・水野訳	四六〇〇円
医療・看護倫理の要点	水野俊誠	二〇〇〇円
概念と個別性―スピノザ哲学研究	朝倉友海	四六四〇円
〈現われ〉とその秩序―メーヌ・ド・ビラン研究	村松正隆	三八〇〇円
省みることの哲学―ジャン・ナベール研究	越門勝彦	三二〇〇円
ミシェル・フーコー―批判的実証主義と主体性の哲学	手塚博	三二〇〇円
カンデライオ（ジョルダーノ・ブルーノ著作集 １巻）	加藤守通訳	三二〇〇円
原因・原理・一者について（ジョルダーノ・ブルーノ著作集 ３巻）	加藤守通訳	三二〇〇円
傲れる野獣の追放（ジョルダーノ・ブルーノ著作集 ５巻）	加藤守通訳	四八〇〇円
英雄的狂気（ジョルダーノ・ブルーノ著作集 ７巻）	加藤守通訳	三六〇〇円
（哲学への誘い―新しい形を求めて　全５巻）		
哲学の立ち位置	松永澄夫　鈴木泉編	三二〇〇円
哲学の振る舞い	松永澄夫　村瀬鋼編	三二〇〇円
社会の中の哲学	松永澄夫　高橋克也編	三二〇〇円
世界経験の枠組み	松永澄夫　伊佐敷隆弘編	三二〇〇円
自己	松永澄夫　浅田淳一編	三二〇〇円
価値・意味・秩序―もう一つの哲学概論：哲学が考えるべきこと	松永澄夫	三九〇〇円
哲学史を読むⅠ・Ⅱ	松永澄夫	各三八〇〇円
言葉は社会を動かすか	松永澄夫編	二三〇〇円
言葉の働く場所	松永澄夫編	二三〇〇円
食を料理する―哲学的考察	松永澄夫	二〇〇〇円
言葉の力（音の経験・言葉の力第Ⅰ部）	松永澄夫	二五〇〇円
音の経験（音の経験・言葉の力第Ⅱ部）―言葉はどのようにして可能となるのか	松永澄夫	二八〇〇円

〒113-0023　東京都文京区向丘 1-20-6　　TEL 03-3818-5521　FAX03-3818-5514　振替 00110-6-37828
Email tk203444@fsinet.or.jp　URL:http://www.toshindo-pub.com/

※定価：表示価格（本体）＋税

東信堂

（居住福祉ブックレット）

居住福祉資源発見の旅：新しい福祉空間、懐かしい癒しの場	早川和男	七〇〇円
どこへ行く住宅政策：進む市場化、なくなる居住のセーフティネット	本間義人	七〇〇円
漢字の語源にみる居住福祉の思想	李　桓	七〇〇円
日本の居住政策と障害をもつ人	大本圭野	七〇〇円
障害者・高齢者と麦の郷のこころ：住民、そして地域とともに	伊藤静美・田中秀樹・加藤直人	七〇〇円
地場工務店とともに：健康住宅普及への途	山本里見	七〇〇円
子どもの道くさ	水月昭道	七〇〇円
居住福祉法学の構想	吉田邦彦	七〇〇円
奈良町の暮らしと福祉：市民主体のまちづくり	黒田睦子	七〇〇円
精神科医がめざす近隣力再建：進む「子育て」砂漠化、はびこる「付き合い拒否」症候群	中澤正夫	七〇〇円
住むことは生きること：鳥取県西部地震と住宅再建支援	片山善博	七〇〇円
最下流ホームレス村から日本を見れば	ありむら潜	七〇〇円
世界の借家人運動：あなたは住まいのセーフティネットを信じられますか？	髙島一夫	七〇〇円
「居住福祉学」の理論的構築	柳中権・張秀萍	七〇〇円
居住福祉資源発見の旅Ⅱ：地域の福祉力・教育力・防災力	早川和男	七〇〇円
居住福祉の世界：早川和男対談集	早川和男	七〇〇円
医療・福祉の沢内と地域演劇の湯田：岩手県西和賀町のまちづくり	高橋典成・金持伸子	七〇〇円
「居住福祉資源」の経済学	神野武美	七〇〇円
長生きマンション・長生き団地	千代崎一夫・山下千佳	八〇〇円
高齢社会の住まいづくり・まちづくり	蔵田　力	七〇〇円
シックハウス病への挑戦：その予防・治療・撲滅のために	後藤三郎・迎田允武	七〇〇円
韓国・居住貧困とのたたかい：居住福祉の実践を歩く	全　泓奎	七〇〇円
精神障碍者の居住福祉：宇和島における実践（二〇〇六～二〇一一）	財団法人正光会編	七〇〇円

〒113-0023　東京都文京区向丘 1-20-6　TEL 03-3818-5521　FAX03-3818-5514　振替 00110-6-37828
Email tk203444@fsinet.or.jp　URL:http://www.toshindo-pub.com/

※定価：表示価格（本体）＋税